新版
外洋ヨットの教科書
Inner Sailing

青木 洋 著
イラスト 平野 游

序文

シーマンシップは技術体系

「インナーセーリング」はセーリングの教科書である。ヨットに乗りたい、自分で操船して遠くへ行ってみたい。ビギナーの情熱に応えることができるよう、セーリング技術を上達させるための道筋を体系的に解説した。

技術は、教科書に沿って学ぶことが近道となる。技術は知識と手順とで成り立つ。セーリングの知識と手順は、8,000年以上に渡って蓄積されて現代へと受け継がれてきた。私が学んだ先輩は、また彼らの先達から学んできたのである。

それがシーマンシップである。実はシーマンシップという言葉は、時に誤解されている。シーマンシップとは海の男の精神ではない。嵐や危機を乗り越えるには、精神力が役立たないことは明らかだ。シーマンシップとは船や艇を航海、操縦、保持する技術であると英英辞典には定義されている。

精神ではなく技術であるならば、誰もが身につけることが可能だ。技術は知識と手順とで成り立つ。知識を獲得するためには勉強すればよい。そしてトレーニングを行って、手順を習熟すれば誰でも上達できる。ベテランやその説に従うだけではない、自己解決力を身につけたヨット乗りの育成が重要である。しかし、そこには近道はない。

そこで本書は、ビギナーにとっては上達の手引きとなり、ベテランにとっても指導の手順を理解できるように構成した。

アーティスト教育法で上達

ヨットのトレーニングは従来、経験豊かなベテランがビギナーへ指導するものと考えられて来た。それは師匠から弟子への伝授の形態を取り、深い技術と精神性が受け継がれた。しかしこのような伝授法は、もう期待することができない。なぜなら体系的な技術を持つ優れたベテランは、いまや減少の一途だからである。

私はASA（American Sailing Association）のマスター・インストラクター（MI）となる過程でセーリング教授法を習得した。私の指導を担当したBob Diamond MIは、サンフランシスコ湾で最後の練習帆船となった、ブリガンティンのキャプテンを務めたベテランである。彼から学んだのはセーリング技術ではない。

セーリング技術を上達させるための手法である。ASAの教科書の執筆者でもあるボブは、80歳になった今もヨットインストラクターとして活動を続け、30,000人以上のヨット乗りを育てた。

これまでの問題点として、ヨットの教育をサイエンティストへの教育と混同していたことがあげられる。サイエンスであるなら答えは一つしかないが、ヨットの技術はサイエンスではなくアートなのだ。そこには常に同じ解答があるのではない。ただ一つの正解を求めるサイエンスとは目標が異なる。ヨットが置かれた外的な状況と、ヨット上の状況は常に変化する。自分の力で今の状況を判断し、解決していく創造力が必要だ。そのためには基本となる技術を身につ

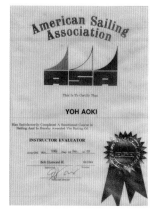

ASAのインストラクターエバリュエーター
（現 MI）認定証

け、多様な解決を図るのがヨットのスキッパー（艇長）である。

ASAの教科書に出てくるThe Art of Sailingは、"セーリングの技術"と訳される。「インナーセーリング」が目指すところはThe Art of Sailingである。

ヨットは人生を3倍に

私は最初のヨットを自作して、海へ乗り出してから58年となる。しかしまだ、海へ出るたびに新たな発見がある。ヨットは生涯楽しめ、学ぶことができるスポーツだ。

奥は深いが基本を学ぶことによって、誰もが急速に上達できる。わずか半年のトレーニングを受け、太平洋を1人で横断した若者がいる。82歳でヨットスクールへ入学した男性もいる。2日間のトレーニングを2回受けただけで、沖縄航海に成功したビギナーもいる。複数の卒業生が、日本一周を達成している。また一方では、身近なデイセーリングを楽しんでいる卒業生もいる。これら素晴らしいヨット乗りを見ていると、ヨットは人生を3倍楽しくするのだと、さらに確信が深まる。

「セーリングで過ごした1日は、人生に追加された1日となる」。

ヨット乗りには有名な一句を、ヨットを始めようかと思ったあなたに捧げたい。

また分かりやすいイラストによって、本書の価値を倍増させてくれた平野 游氏、および校正に協力してくれた妻の美佐子に感謝を捧げる。

青木 洋

2024年1月3日

マスター・インストラクター、Bob Diamaond船長が指揮するブリガンティン

CONTENTS

photo by Yoichi Yabe

風を動力源に、セールで進むヨット

ヨットの動力源である風の変化を知り、セールを操って効率よく推進力を得るには、幅広い知識が必要になる

　ヨットがパワーボートや商船と異なっているのは、動力源に風を使い、セールによってその推進力を生み出しているところにある。

　ヨットの動力源となる風は、その強弱も、吹いてくる方向も常に変化する。そこで、セーリング技術を学ぼうとするときは、まず動力源となる風の変化を理解しなければならない。風の変化は、主に気圧配置と気圧傾度によって起こる自然現象である。それを動力源として使うためには、気象に対する幅広い知識が求められる。

　そして変化する動力源を推進力へと変換するためには、推進機関となるセールの操作も覚えねばならない。セールの操作はロープで行う場合が多い。ヨットを走らせるためには、まずロープの扱い方を知ることが大切だと言われている。

　「おい、ショートスプライス（ロープの編み継ぎ）もできないのか。シートが切れたら、その場で継がないとセーリングは続けられないぞ」

　私に怒ってくれたのは師匠の一人、徳弘忠司さんである。メインシートに三つ打ちのロープを使っていたのを見たからであろう。その後の３年２カ月にわたる世界一周航海の途中で、シートやハリヤード、アンカーロープを何度もスプライスしたのを思い出す。

　風は太古の昔から、地球上に吹いていた。人類は約６万年前に、北アフリカから

アジアとヨーロッパの２方向へと拡散の旅を開始した。海路をたどるグループでは、長時間の航海には風が動力源として用いられたと考えられる。腕力を使って漕ぐよりも、長時間の航海にはセーリングのほうが楽だったからであろう。

　ヨットは近代的な乗り物であるが、その推進力と機関には太古の力である風とセールを使っている。セーリング技術を学ぶことは、このように人類拡散の旅につながる歴史をさかのぼることであると言ってよい。そこが他の乗り物やスポーツとは異なる、ヨットの醍醐味である。

２本の三つ打ちのロープをつなぐショートスプライスは、ヨット乗りに欠かせない技術だ

[1] スキッパーとクルー

スキッパーとクルーの役割の違いを理解し、
将来はスキッパーとなる自覚を持とう

ヨットを学ぼうと考えたときに、すでにスキッパー（艇長）への道が始まっていると考えよう。クルーとしてほかのヨットに乗せてもらい、ヨットの勉強を始める場合もあるだろう。しかしいつかは自分のヨットを持ち、ヨットがあるライフスタイルを目指すのであれば、スキッパーとなる自覚を持つことが、上達への近道となる。

なぜならクルーとして十分務まるようになるだけでは、スキッパーとしては十分とは言えないからだ。スキッパーに必要な技術は、クルーとしての能力や、ヘルムスマンとしての操舵技術などの、すべてを統合した能力が必要になるからである。

スキッパーの役割と責任

スキッパーはヨットの船長である。運航しているヨットの上で起こる出来事について、全ての責任者と考えてよい。航海中はクルーの能力を判定し、適切な指示を出さねばならない。安全装備の操作を熟知し、クルーに使用法を教えることも必要だ。さらには、クルーのレベルアップを図ることも、その役割といえるだろう。

また、もしヨットが危険に陥ったときには適切な解決策を講じ、回避する必要に迫られる。航海に関する法律を知り、順守する義務がある。

ヨットの状態を平常から観察しておき、不具合があれば事前に改善しなければならない。そのためには、メンテナンスの知識が必要となる。

クルーの役割と責任

クルーは、艇上においてスキッパーの指示に従うことは無論であるが、クルーには、意見を表明する責任があることを忘れてはならない。スキッパーを補佐する役割だからである。航海中は、クルーとして常に他船や障害物を見張り、危険と思えたときにはスキッパーへ報告し、アドバイスを行う。しかしスキッパーが判断を下した場合には、その指示に従わねばならない。また指示がなくとも、シップシェイプ（整理整頓された状態）を保つためには、進んで作業を行うことを当然のことと考えてよい。

ヘルムスマンは操舵を受け持つクルーである。ナビゲーターは、航海術を受け持つクルーである。クルーとして乗っている場合であっても、自己の持ち場以外の技術について、レベルアップに努めることが、スキッパーとなるためには必要である。

落水者発生などの緊急時には、スキッパーの判断力と救助技術が問われる。また、ライフジャケットなど重要な個人装備はクルーが各自で用意すべきだ

[2] 自分の身を守る個人装備

自分がスキッパーやクルーとしてヨットに乗る場合はもちろん、ゲストとして乗せてもらう場合であっても、いったん海上へ出たならば、自分の身は自分で守る必要がある。そのためには、自分の安全装備は個人でそろえなければならない。

クルーとして乗るときには、ライフジャケット、デッキシューズとシーナイフの個人装備3点セットが必要となる。ゲストの場合であっても、自分の安全確保のためにはライフジャケットとデッキシューズは必要である。艇の装備はオーナーの責任と費用で行うが、個人装備はクルーが各自で用意するものである。

また個人装備を含めて、持参するものは全て、ソフトバッグ一つに収める。ヨットには収納場所が少ないため、帆船時代から受け継がれているルールの一つである。

③デッキシューズ

転倒や落水事故の原因は、濡れたデッキで足を滑らせることから始まる。デッキシューズは、滑りやすいヨットの上で、事故を防ぐための装備である。材質や形状で好みが分かれるところであるが、安全性を重視して、ソールにノンスリップ加工が施されたものを選ぼう。スニーカーであっても、ソールが硬くて滑りやすい製品も多いので注意が必要だ。

またヨットのデッキは、スリップしにくいように細かな凹凸が付けてあるので、黒色のソールでは削れたソールの一部が、デッキを筋状に汚す場合があるので、避けたほうがよいだろう。

①ライフジャケット（救命胴衣）

ライフジャケットには多くの製品があるが、ヨット用としては浮力が十分にあるものを用意したい。小型船舶用としては、7.5kg以上の浮力が必要とされている。しかし波のある海面では、顔面を十分に水面上へ支えるには足りない。クルーならば、15kg以上の浮力がある自動膨張式のライフジャケットをお勧めする。このタイプは、膨張すると首回りと胸部に浮力を持つので、意識不明時であっても顔が水面上へ出やすくなっている。また固形浮力体のタイプに比べて、動きやすい形状となっている。暑いときでも蒸れにくい。またハーネス（セーフティーラインの取り付け金具）が装着されている、ヨット用の製品も市販されている。しかし自動膨張式のライフジャケットは、メーカーが指定した定期的な点検が必要であることを理解しておく。

ライフジャケットは港を出てから着用するのではない。嵐になってから着用するものでもない。もやいロープを解く前には着用しておく。落水事故はどこで起こるかわからないからだ。

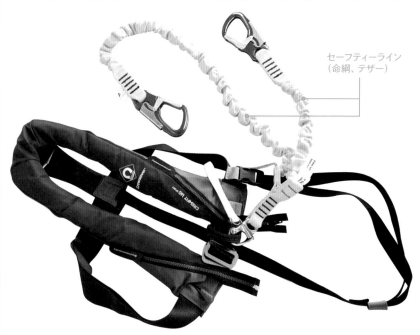

セーフティーライン
（命綱、テザー）

②セーフティーライン（命綱、テザー）

セーフティーラインは、クルーが落水したときに、艇から離れないようにつなぎ止めておくことを目的とする装備である。夜間や荒天時には必ず装着する。

2トン以上の破断強度を持つベルトの両端に、頑丈な金属製のフックが縫い付けてある。

フックの一端はライフジャケットのハーネスへ装着して、もう一方の先端のフックは、艇のコクピットに固定されたハーネス金具へ取り付ける。

デッキへ出るときは、サイドデッキへ張り渡されたジャックラインに取り付ける。

④シーナイフ

シーナイフは、さびにくい材質で作られた小型のナイフで、折りたたみ式になっているものが多い。ブレードは波刃になっているほうが、ロープを容易に切断できる。またナイフにスパイキが付属しているものは、シャックルのピンの頭に差し込んで、締め付けるのにも使えるので便利である。

折りたたみ式シーナイフでは、ブレードもスパイキもロック付きでないとケガの元となる。

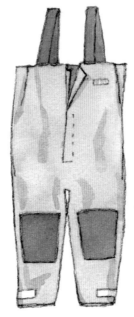

⑤オイルスキン（カッパ）

晴れでも雨支度、凪（なぎ）でも嵐支度と、古くからヨット乗りの間で言われるように、オイルスキンは低体温症を防ぎ、体力を維持するための装備。

オイルスキンは、選定に戸惑うほど、デザインも価格も多種多様な製品がある。街角で販売されているカッパでも使えるが、本格的なオイルスキンはフードが付き、トラウザーは胸まで高くなっている。胸元やポケットは、波をかぶっても防水性を保つようになっている。

⑥帽子

帽子は頭部を打撲などのケガから守り、日焼けを防ぐことが目的となる。常時使用するために、風で飛ばされないようストラップを付ける。

冬用は、耐寒素材で耳当てが付いていれば体温低下を防ぐのに役立つ。

⑦サングラス

紫外線を長時間浴びると、視力の低下が起こると言われている。従ってヨットで使うには、UVカットのレンズを選ぶ必要がある。偏光レンズは、波間にぎらつく太陽光の反射を軽減するので役立つ。ストラップを付けて落下を防ぐこと。

⑧セーリンググローブ

セーリンググローブは、ロープによる摩擦から手を保護するために使う。そのために手のひら側は二重構造にして補強されている。

ハーフフィンガーのセーリンググローブは、夏でも快適に使える。しかし冬季には耐寒素材で構成された、フルフィンガーのグローブが欲しい。

⑨ヨットブーツ

ヨットブーツは、荒天の中をセーリングする時に打ち込んでくる波から、足元の冷えを防ぎ、運動能力を確保するために用いる。

オイルスキンが上から覆うので、高さは長めになっている。またデッキシューズと同じく、ノンスリップのソールとなっている。

⑩その他

航海期間に応じて、洗面具や着替えなどが必要である。

また船酔い止めは必需品といってよい。船酔いは動作を緩慢にさせ、思考力も低下させるので、思わぬミスにつながりやすい。「アネロン・ニスキャップ」などのよく効く船酔い止めが市販されている。乗船の1時間前には服用したい。

セーフティーラインが長すぎると、落水時に引きずられるときに顔が水没してしまう

セーフティーラインの種類と長さ

セーフティーラインは、落水事故を防ぐ重要な装備である。それにもかかわらず、セーフティーラインを装着したまま艇に引きずられて亡くなった事故がある。それは溺死に至る前に、艇を停止することができなかったことが原因の一つであるが、セーフティーラインに改善するべき2点が判明した。1点目は、胸側のフックに落水者が自力で解除できるワンタッチ構造が必要なこと。2点目は、セーフティーラインの長さを、落水しても顔面が水没しないよう短くすることである。

1点目は、今や市販されている多くの製品では、ワンタッチで解除ができるフックが装着されている。しかし艇へ固定する側のフックには、むしろ簡単には外れないようダブルアクション構造が必要である。

2点目の長さについては、従来6ftとされていた1本のベルトに追加して、3ftの短いベルトを装備したダブルラインの製品が市販されている。コクピットでは長いほうのラインを使用し、デッキを移動するときは、短いほうのラインを使うことで投げ出されることを防ぐ。

乗員の胸側のフックは、緊急時にすぐに外せるワンタッチ構造のものを選ぶ

船側に固定するフックは、2段階の動作で開くダブルアクションタイプ

漁港のすぐ外でアンカリングして、互いに接舷している数隻の小型船がいた。ハルを緑色に塗った、一目でわかる和歌山の雑賀崎（さいかざき）の一本釣り漁船であった。以前は西日本の沿岸で漁や運搬に活躍した瀬戸内の家舟（えぶね）は、他の港へ停泊するときには、港内の端のほうへアンカリングしていた。45年前には当たり前のマナーであったことが、多くの写真や資料に残されている。

マリーナにはゲストバースがあるので、寄港地でのマナーを気にする機会は少ない。しかしヨット乗りであっても、漁港などへ寄港するときは、訪問者としてのマナーを守ることで歓迎もされるだろう。快適なクルージングを続けるためには、マナーを知っておくことは大切である。

漁港では船首着け（槍着け）が基本となっている。余計なスペースを取らないために、ビジター艇もルールにしたがおう

第1条 港内で係船するときは、関係者から係船場所についての了解をもらう。

空いていると思って係船したその場所へは、帰ってくる船があるかもしれない。出漁中の漁船の定係地である場合も考えられる。入港したら、いきなり着岸するのではなく、まず港内の外れに仮着けする。そして漁港なら漁業組合を訪ね、どこに泊めればよいか聞くとよい。港内をグルグルと周回していると、近くの漁師さんが教えてくれるときもある。

聞かずに泊めれば、真夜中に出漁する漁師に怒鳴り声で起こされ、暗闇の中、艇を移動させることにもなりかねない。

他船に横着けするときは、
相手船の了解をもらう。

　許可なく、他船にもやいロープを掛けることは許されない。他船に足を踏み入れるのは、家に入るのと同じである。まして他船にロープを結ぶことは、相手の行動を制約することになる。横着けされた相手船は、あなたが上陸している間に出港するかもしれない。

　以前、屋久島の宮之浦港へ夜間入港したとき、朝までと思って他船に横着けして寝入ってしまった。ふと目が覚めると、ヨットは港内を漂っている。もやいロープは外され、相手船はもう出港している。風が弱くてよかったと胸をなでおろした。

狭い港内では岸壁へ横着けしないで、
アンカリングして船首着けする。

　第1条によって関係者に了解をもらうときに、アンカリングしてよいか尋ねるとよい。横着けさせてくれと最初に聞けば、アンカーを持っていないのかと怪しまれる。また、アンカリングができないのかと技量を疑われる。

　重量物を搬出するなら、横着けした後にまた船首着け（槍着け）に直せばよい。岸壁や桟橋が広く空いている場合を除いて、訪問者としてはアンカリングと槍着けを心がけることが大切だ。

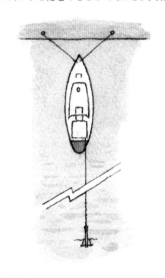

もやいロープを係船金具へとるときは、
他船のロープの一番下を通して結ぶ。

　他船のもやいロープには、手を触れないことがマナーの一つである。すでにもやいロープを取っていた船が出港するときに、自分のロープの上に他船のロープが巻かれていては困惑する。これはヨット、漁船、大型船を問わず鉄則となっている。もし守らなければ、もやいロープが切り離されていても文句は言えない。

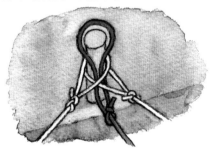

ボラードやリングなど、港ではさまざまな係船用具に出合う

もやいロープの余りは放置しないで、
自艇側で長さを調節する。

　桟橋や岸壁は人が通行するところである。もやいロープの長い余りを桟橋上へ放置すると、通りがかった誰かが足を取られるかもしれない。ロープの先端は桟橋の係船金具へ結び、余りはデッキ上へコイルダウンしておく。

　係留中には、潮の干満による艇の上下に合わせて、ロープの長さを調節しなければならないときがある。そのときにも船の側で調整できれば、桟橋へ上がらなくても済むので助かる。

OK

ロープは船側で余らせる

NG

通行人のじゃまになる

ヨットのセールは、ロープで操作する。セールを揚げ降ろしするのも、セールトリムを行うのも、ロープを出し入れして行う。ロープの操作に習熟することが、セーリングの上達には欠かせない。ロープはセールや金具などと結んで使うのであるから、結びかたを知らなければ操作ができない。ヨットの勉強は、まずロープの結びかたからと言われてきたのはそこに理由がある。

ヨットでよく使う結びかたには約10種類があるが、ここでは基本となる6種類をまずマスターしていただきたい。

①ボウラインノット（もやい結び）

ボウラインノットは、King of Knotsとも呼ばれる最も大切な結びかたである。もやいロープの先端にループを作るときや、ロープ同士をつなぐときにも使われる。力がかかっているときは、解けることがない堅固な結びであるが、唯一の欠点は、あおられたときに結び目が緩みやすいことである。そこでジブシートをジブのクリューに結ぶときはループを小さくし、手を長めにして緩むのを防ぐ。

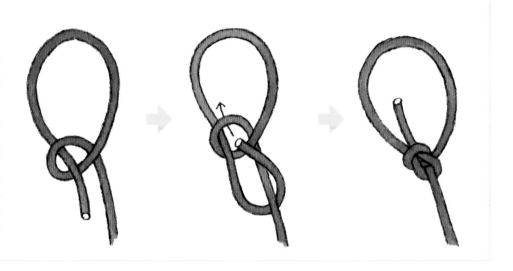

②ツーハーフヒッチ（ふた結び）

もやいロープを係船金具へ取るときに、艇が風で押されてロープへ力がかかっているときは、ボウラインノットでは結べない。ツーハーフヒッチは、力がかかったままで結ぶことができる仮止めとして有効である。また緩みやすい結びかたなので、他のロープを取った後に、ボウラインノットで結び直す。

③クラブヒッチ（巻き結び）

クラブヒッチは、力がかかるにしたがい強く締まり解きにくくなるので、係船金具へ結ぶときは仮止めと考える。ヨットでは、フェンダーをライフラインに結び付けるときなどに使う。ライフラインは細いので、結び目が緩みやすい欠点を補うために、クラブヒッチの後にスリップヒッチを追加するとよい。

④クリートヒッチ
（クリート結び）

　もやいロープをクリートへ結ぶときに使う。上から見るとクラブヒッチと同じく、8の字状に見える結びかたである。ジャックラインのように扁平なロープや滑りやすい材質のロープを結ぶときは、二重にクリートヒッチを結ぶ。

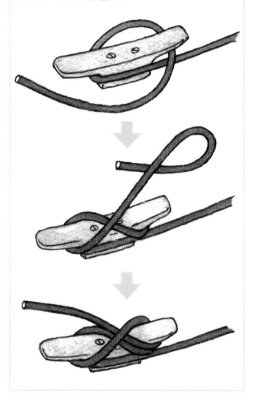

⑥リーフノット
（本結び）

　本結びは日常でもよく使う結びかたである。メインセールやジブを降ろした状態で、風にあおられないように、細いロープをセールの上から巻き付け束ねるときに使う。

　メインセールをリーフするときに、セールの途中から下げられているリーフラインを結ぶときに使われたのでリーフノットと呼ばれる。ヨットでは、スラブリーフが主流となったので、リーフラインとしては不要となったが、今も使われている基本の結びである。

⑤エイトノット
（8の字結び）

　エイトノットは、ロープが抜け落ちるのを防ぐために、ロープの端部へコブを作るための結びである。8の字状に交差する結び方なので、エイトノットと呼ぶ。ハリヤード（セールを揚げ降ろしするためのロープ）やシート（セールの角度を調節するために出し入れするロープ）をエイトノットにするときは、コブから手となる部分を15cmほど余らせておくことが肝心である。ブロックやシートストッパーへ引き込まれたときに、引き出す手がかりを残しておく。

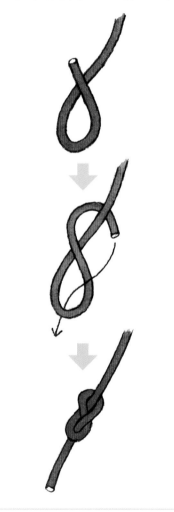

はるか昔からある小型帆船

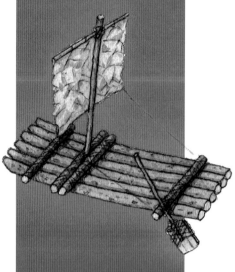

　ヨットの語源は、オランダ語の「Jaght」であると言われているが、ヨット発祥の地はヨーロッパではない。実はそのはるか以前に、アラビア海や南アジアではヨットといってよい小型帆船が走り回っていたと考えられる。航海には陸地の目立つ目標を利用する地文航法や、北極星と太陽を観測する天文航法が使われていた。

　現代のヨットの船体構造やナビゲーションは、8000年前の小型帆船とは大きく異なる。船体はFRPとなり、ナビゲーションは、人工衛星などを利用するGPSが主流となっている。測位するための目標は、陸標や天体から人工衛星へと変わったのであるが、位置決定を行う原理は今も変わらない。

　ヨットが走る海上は、今も変わらず風波と海潮流が支配する世界である。ヨットが動力源とする風と、セールで風を推進力へと変換する原理と技術については、8000年前と何ら変わることはない。したがって、セーリングの原理については、使う材料は異なるが、ヨット乗りとして必要な技術は、当時とほぼ同じだと考えてよい。

　このように、ヨットには長い歴史と広く培われた文化が、宝物のように残されている。ヨットの技術を学ぼうとする現代の我々には、この貴重な贈り物が先達から残されているのである。その贈り物を、順序にしたがって学んでいきたいと考えている。

［ 5 ］ ヨットの各部名称、用語

現在日本で使われているヨット用語は、英語もしくは英語化された用語を共通言語としている。世界各国でも同様に、17世紀から始まったヨーロッパの帆船時代を起源とする用語が主体となっている。帆船時代の用語が、現代のヨット用語にも受け継がれている。

帆船は乗組員のチームワークによって操作を行うので、共通の用語を使用する必要がある。ヨットの上でも同じである。たとえ1人で乗る場合であっても、技術の向上のためには、共通のヨット用語を知っていることが大切だ。用語を介して他のヨット乗りと話が通じ、また書籍の内容が理解できるようになる。

日常では使わないヨット用語であるが、口に出して使うことで、まず基本的な用語から覚えていこう。

ここでは、ASA（アメリカセーリング協会）のトレーニングで使用されている用語を主に用いて解説する。

［外観の用語］

ステー
マストを、前方または後方へ支えるワイヤロープのことを指す。

コクピット
ティラーやシートを操作して、ヨットを操縦するための操縦席のこと。両舷が座席になっている。

シート
セールの開き角度を、風位に応じてトリム（調節）するためのロープのこと。

ティラー
ラダー（舵）を切り、進行方向を変えるときに操作するための棒状のハンドル。木製、アルミ製などがある。

スターン
ハルの後方、船尾部分。

トランサム
スターンの最後尾を形成する板状の部分。

ラダー
ヨットの方向を決める舵のこと。ティラーの操作に連動して左右に動き、水流による揚力の作用によってヨットの向きをコントロールする。

セール
セールには、マストに沿って後方へ展開するメインセールと、前方へ展開するジブなどがある。

ブーム
メインセールの下辺を支える帆桁（ほげた）を指す。ブームの途中または後部にはメインシートが付属する。

デッキ
ハルの上部を覆う甲板のこと。

ミジップ
ハルの中央部分。

ボトム
ハルの下側で、通常は水に没している船底のこと。

マスト

セールを揚げ、支えるための帆柱である。ヨットのマストには伝統的な竹製、木製などがあったが、今ではほとんどがアルミ合金でできている。

スプレッダー

マストの中間部から張り出したシュラウドを支えるための支柱。

シュラウド

マストを、左右の横方向へ支えるワイヤロープをいう。

バウ
ハルの前方、船首部分。

ハリヤード

マスト上部のブロック（滑車）などを通り、セールを揚降するためのロープ。帆船の、ヤードを揚げるための号令である「Hauling a yard」が語源となった。

［キャビンの用語］

キャビンは、航海中の生活の場である。風波から守られた空間であり、寝食のための設備がある程度そろっている。住居に比べると、狭く小さなサイズではあるが、キッチンやベッド、トイレなどを備えて、乗員が航海中の生活を維持するスペースとなる。

ギャレー

ギャレーストーブやシンク、食器棚などを備えた料理スペース、キッチンのこと。

ギャレーストーブ

料理用のこんろのことを言う。ヒールに合わせてスイングし、常に水平となるジンバル式になっている。

セティバース

キャビンの中央に、テーブルをはさんで両舷へ設けられたソファ兼ベッド。

クォーターバース

キャビンのスターン側に設置された、ベッドとなるスペース。セーリング中は最も寝心地がよい。

ヘッド

トイレのこと。手動式の場合は、ポンプを上下に動かして海水を循環させることで汚物を排出する。

フォクスル

バウのデッキ下へ設置された倉庫スペースのこと。「Forecastle」が語源。

キール

船底に固定された翼状をした重りのこと。重量によって復原力を担い、また前進に伴って揚力を発生させることで、ヨットの横流れを防ぐ。

ハル

船体全体をいう。ハルの前後と上下に、それぞれ個別の名称がある。

［リグの用語］

リグとは、マストやセールなどの風を推進力へ変換する帆装の全体を指す名称である。マストの高さやセールの面積、取り付ける金具などの構造は、建築物と同様に、経験則と力学的計算とによって設計され、取り付けられている。

■ スタンディングリギン

スタンディングリギンとは、マストを支え固定するためのワイヤ類を言う。リギンの素材は、繊維ロープから金属ロープへと移り変わり、現在では多くのヨットで、ステンレス製のワイヤロープが使われている。ワイヤの上端には、ターミナル金具が圧着されている。ターミナル金具はマストのタングへ、タングピンでとめられている（図参照）。

ワイヤの下端には、ターンバックルが付属している。ターンバックルは、デッキに取り付けられたチェーンプレートにタングピンで固定される。ターンバックルのねじ込む長さを調整することで、ワイヤのテンションを調節し、マストのレーキ（前後への傾き）を変更することもできる。

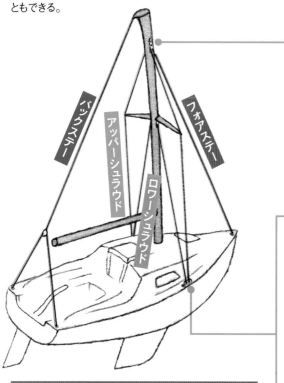

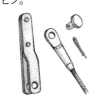

タング

ターミナル金具とタングピン。

ターンバックル

ステーとシュラウドの下端に取り付けて、ネジを締めてワイヤのテンションを調整するための金具。

フォアステー

マスト上部から取り、マストを前方へ支えるワイヤロープのこと。ハンクス（後述）を使ってジブを取り付ける。

バックステー

マスト頂部から、マストを後方へ支えるワイヤロープのこと。

アッパーシュラウド

マストの上方から取り、スプレッダーの先端を通って、マストの横方向を支えるために両舷へ張り渡されたワイヤロープ。

ロワーシュラウド

マストの中間部から取り、横方向を支える両舷に張り渡されたワイヤロープ。

チェーンプレート

ターンバックルを取り付けるために、デッキへ設置された頑丈な金具。

メインハリヤード

メインセールの揚げ降ろしに使う。先端にはレバーピンシャックルを取り付け、メインセールのヘッドへ取り付ける。

レバーピンシャックル

メインハリヤードなどに取り付け、メインセールのヘッドをハリヤードにとめる金具。セールの振動で緩まないように、ピンを90度回転させれば固定できる

ブームトッピングリフト

メインセールの揚げ降ろしの際に、ブームエンドがデッキへ落ちるのを防ぐため、マストヘッドからブームをつり上げているロープ類のこと。

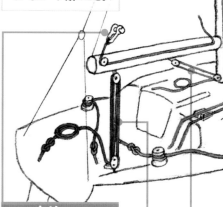

クリューアウトホール

メインセールのクリューを前後させることで、セールの形状を調節するためのシート。ブームエンドからマスト側へリードされている。

メインシート

メインセールを出し入れして、トリムを行うためのロープのこと。シートを引く力を減殺するために、ブームとコクピット内の金具との間にブロックを介して使う。

■ ランニングリギン

ランニングリギンは、セールの揚げ降ろしや、セールのトリムを行うためのロープ類の総称である。スタンディングリギンが固定されているのに対し、ランニングリギンは出し入れを行うことで、セールを操作するために用いられるロープである。

ハリヤードには、伸びが少ない素材であるポリエステル・モノフィラメントや、ケブラーなどのハイテク繊維ロープを使用する。手で操作を行うシートには、柔らかくて摩擦に強いことが求められるので、ポリエステル繊維のダブルブレードのロープが適切である。

■ セール

セールは動力である風を推進力へと変換する機関であるので、その操作によって、ヨットのスピードと操縦性が左右される。広げれば1枚の布地となるセールであるが、細部に至るまで、その部分による名称が明確に決められている。

メインセール

マストに沿って後方へ展開する主帆のこと。下辺のフットはブームに沿う。風力が増せば、リーフ（縮帆）して面積を減少させる。

ジブ

フォアステーに沿って揚げ降ろしして、マストの前方へ展開する副帆のこと。風力に応じて、面積と布地の厚さが異なる3種類がある。揚げ降ろしするのではなく、フォアステーの周囲に巻き取るファーリングジブもクルージング艇には多い。

ラフ
セールの風上側となる一辺のこと。

リーチ
セールの風下側となる一辺を言う。「Lee Edge」がなまって語源となった。

フット
セールの底辺となる一辺のこと。

ジブハリヤード

ジブの揚げ降ろしに使うロープ。先端にはスナップシャックルを取り付け、ジブのヘッドへ取り付ける。

スナップシャックル

ジブハリヤードをジブのヘッドへ取り付ける金具。片手で開閉できるように、スプリング入りのピンが付いているものもある。

ジブシート

ジブをトリムするためのロープ。ジブのクリューに結び、後方はジブシートリーダーを通りシートウインチへと導かれる。

ブームバング

ブームの前側3分の1からマスト基部との間へ設置してメインセールのツイスト（ねじれ）をコントロールするためのテークル。

バテンポケット

バテンを挿入するためにセールへ縫い付けた袋状のポケット。

バテン

セールのリーチ側から挿入し、セールの翼断面形状を保つための薄い板。

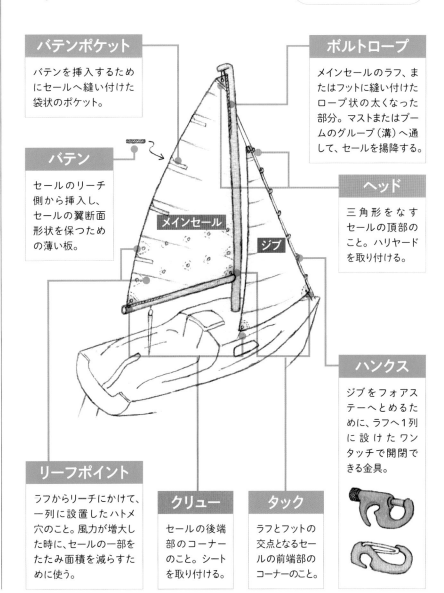

ボルトロープ

メインセールのラフ、またはフットに縫い付けたロープ状の太くなった部分。マストまたはブームのグルーブ（溝）へ通して、セールを揚降する。

ヘッド

三角形をなすセールの頂部のこと。ハリヤードを取り付ける。

ハンクス

ジブをフォアステーへとめるために、ラフへ1列に設けたワンタッチで開閉できる金具。

リーフポイント

ラフからリーチにかけて、一列に設置したハトメ穴のこと。風力が増大した時に、セールの一部をたたみ面積を減らすために使う。

クリュー

セールの後端部のコーナーのこと。シートを取り付ける。

タック

ラフとフットの交点となるセールの前端部のコーナーのこと。

［ 6 ］ 着岸の手順

ヨットの操船技術を学ぶのに、セールの操作からではなく、まずエンジンを使っての操船法から習得するのには二つの理由がある。

一つは、マリーナや港から出入港する際には、必ずといってよいほど、エンジンを使って操船するからである。機走でヨットを思うように操船できなければ、係留バースからのドッキング（離着岸）さえ怖くなるだろう。

二つには、ヨットの水中にはキールがあるため、パワーボートや漁船とは異なる回転特性を持つ。またヨットにはマストがあ

るので、風圧の影響を大きく受ける。ヨットの回転に与える風の影響を知り、その力を離着岸に利用する必要があるからだ。

ヨットに特有の運動特性を知り、風の力を利用する離着岸法を学ぶことが、ビギナーにとっての第一歩となる。

［エンジンの使用方法］

船外機の始動手順

船外機は、4ストロークのガソリンエンジンが多い。2ストロークエンジンの場合は、燃料に混合ガソリンを使用するが、エンジンのかけ方に大差はない。

① チルトノブを外して船外機を水面へ降ろす。
② キルスイッチのキーを差し込む。
③ 燃料タンクの空気抜きプラグを開ける。
④ 燃料ホースを船外機の燃料プラグへ差し込む。
⑤ 燃料ポンプ（プライマリーポンプ）の内部が硬くなるまで繰り返し手で押し、燃料をエンジン内部へ送る。
⑥ 自動チョークでない場合は、チョークボタンを引いて、チョークを閉じる。
⑦ シフトレバーがニュートラル位置かどうか、確かめる。
⑧ スロットルを始動位置へ合わせる。
⑨ 始動ロープを引く前に、肘が当たらないか後方を確認する。
⑩ 勢いよく一気に、始動ロープを引く。
⑪ 始動したら、すぐにチョークボタンを戻す。
⑫ スロットルを中速へ上げて、回転が安定するか確かめる。
⑬ 回転が安定すれば、スロットルを低速位置へ戻す。
⑭ 冷却水（パイロットウオーター）が勢いよく排出されているか、確かめる。
⑮ シフトを前後進へ交互に入れ、水流が前後へ出るかを確かめる。
⑯ その後5分間以上、低速回転で暖機運転を行う。
⑰ 停止するときはキルスイッチを外す。もしくは燃料プラグのエンジン側を外す。

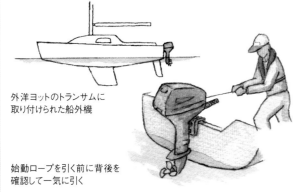

外洋ヨットのトランサムに取り付けられた船外機

始動ロープを引く前に背後を確認して一気に引く

インボードエンジンの始動手順

インボードエンジンは、ディーゼルエンジンと考えていい。燃料には軽油を使用する。エンジンによっては、⑤の手順が異なる場合がある。

① バッテリーのメインスイッチを入れる。
② 冷却水取り入れ口のコックが開いているかどうか、確かめる
③ シフトレバーがニュートラル位置かどうか、確かめる。
④ シフトレバーはニュートラル状態のまま、スロットルを半速位置にする。
⑤ エンジンキーを差し込み回して、イグニッションスイッチを入れる。
⑥ スタートボタンを押してエンジンを始動させる。
⑦ 始動後は回転が十分に上がるのを待ち、スロットルを低速位置へ戻す。
⑧ 冷却水が勢いよく排出されているか、確かめる。
⑨ その後5分間以上低速回転を続け、暖機運転を行う。
⑩ 停止するときは、シフトレバーをニュートラル位置へ戻した後に停止レバーを引き、停止後にイグニッションスイッチを切る。

インボードエンジンは船内機とも呼ばれ、シャフトによってプロペラを回転させる

コントロールレバー

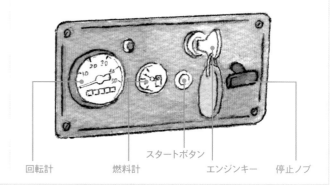

回転計　　燃料計　　スタートボタン　　エンジンキー　　停止ノブ

［係留ロープの名称］

　ドッキングの手順を理解するために、まずヨットを係留している係留ロープの名称を覚えよう。係留ロープには、係留に使われる場所によって、4種類の名称が当てられている。そして着岸時には、先に取るべきもやいロープから順番に「1番もやい」、「2番もやい」と呼ぶ。

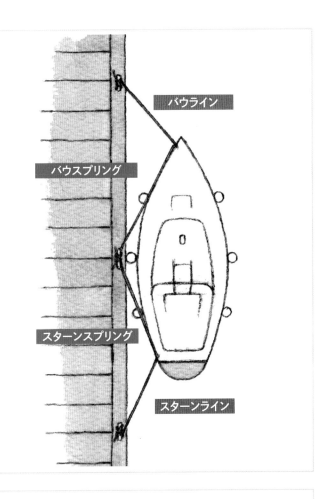

バウライン	バウから前方へ取る係留ロープ。
スターンライン	スターンから後方へ取る係留ロープ。
バウスプリング	バウから後方へ取る係留ロープ。
スターンスプリング	スターンから前方へ取る係留ロープ。
1番もやい	着岸時に、最初に取る風上側の係留ロープのこと。艇に受ける風位により、バウラインか、またはスターンラインのどちらかとなる。
1番スプリング	最初に取るスプリングラインのこと。1番もやいと平行に取る。風位によりバウスプリング、もしくはスターンスプリングのどちらかとなる。

［係留金具に合わせたもやいロープの結び方の例］

ホーンクリート ①

ビット

リング

ホーンクリート ②

ボラード

クロスビット

［機走での横着け着岸法］

着岸は離岸よりも容易である。また横着け着岸法は、ドッキング技術の基本であるから、そこには習熟するべき手順がすべて含まれている。横着け着岸法を練習し、風位に応じた手順を覚えれば、中型艇でも一人で安心して着岸ができるようになる。

いざ着岸となってから、慌てたり大声を出したりせずに、スマートな着岸を決められるよう手順に従って学んでいこう。

① 港へ入っていき、着岸場所を決める

ヨットハーバーやマリーナには、ビジターバースが用意されている。漁港には仮着けできる岸壁がある。その中で前後左右に、フネがなるべく少ないところを着岸場所に選ぶ。

着岸場所を決めたら、風向を把握するとともに、もやいロープを取る係船金具の形状と位置とを観察する。

あせって着岸せずに、桟橋や岸壁の状況を確認して準備する

② 着岸場所への進入コースと着岸方法を決める

着岸場所の水面に余裕があれば、風下から風上へ進入できる着岸場所を選ぶ。水面に余裕がないときは、後進時のプロペラ作用を利用しやすい舷からの着岸とする。

どちらの舷側を着岸させるのかを決定したら、スキッパーはクルーへ、着岸準備を指示する。次に最初に取る1番もやいが、前後左右のどちらになるかをクルーに指示する。進入コースに限らず、風上となる一本が、常に最初に取るべき1番もやいとなる。この1本を誤ると、着岸は失敗に終わるといってよい。もやいロープは取ったものの、艇がすぐに風下へぐるりと回されれば、手の施しようがない。

進入から接岸までのイメージを描いて、それから初めて着岸準備に取り掛かる。準備が整い、確認が終わるまでは港内を低速で回っておく。

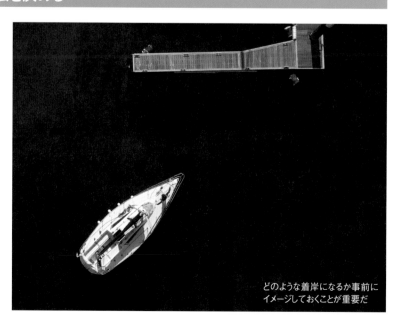

どのような着岸になるか事前にイメージしておくことが重要だ

③ もやいロープの用意をする

　もやいロープは接岸する側の舷に、バウラインとスターンラインを1本ずつ用意する。岸壁の係船金具がクリートやボラードのときは、もやいロープの先端に、あらかじめボウラインノットで輪を作っておく。フネ側はパルピットの下をくぐらせてミジップまで伸ばし、スタンションとシュラウドの外側を通して先端をサイドデッキ付近へ置く。

　入港する前から、もやいロープの準備を始めるのは早計であることがお分かりだろう。港外には波が残っている。意外なときに引き波がやってきて、体のバランスを崩すことがある。危険を冒して準備をしても、着岸場所が思い通りにならないことが多い。

　また港の出入り口は、他船の通航も多いので、スキッパーはクルーに入港準備を指示するのではなく、ワッチ（見張り）に努めよう。

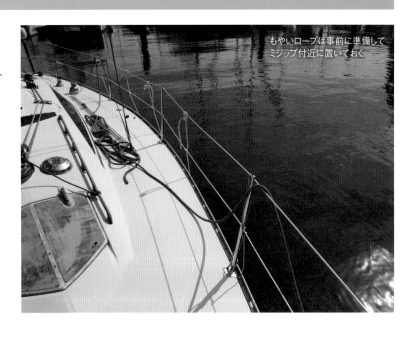

もやいロープは事前に準備して
ミジップ付近に置いておく

④ フェンダーの用意をする

　フェンダーを3本取り出し、接岸する舷側のライフラインへ、クラブヒッチで結びつり下げる。ポンツーン（浮桟橋）へ着岸する場合は、フェンダーの上3分の1がポンツーンの上に出るように調節する。ガンネルよりも岸壁が高い場合は、フェンダーの上端をガンネルとそろえる。フェンダーの前後位置は、片舷の長さを4等分して3本を配置する。

⑤ ボートフックを出す

　フェンダーの用意が終わったら、ボートフックをキャビンから取り出し、スキッパーの手が届く範囲へ出しておく。着岸するポンツーンなどを押し引きする場合には、手足を使わないでボートフックを使う。手や足を使うと、挟まれてケガをする場合があるからだ。

　準備中に着岸場所へ近づきすぎていたときは、慌てないで港内をもう一周しよう。

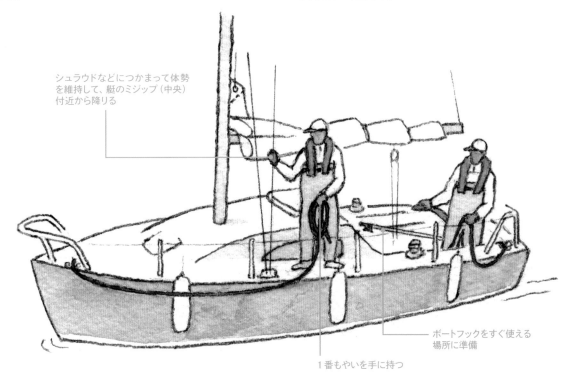

シュラウドなどにつかまって体勢
を維持して、艇のミジップ（中央）
付近から降りる

ボートフックをすぐ使える
場所に準備

1番もやいを手に持つ

⑥ 着岸場所へ進入する

　描いたイメージ通りに進入コースへ入る。艇のスピードは、デッドスロー（微速）にしないで低速を保つ。デッドスローでは舵効きが悪くなり、思うように操船できずに、風の影響でコースから外れる場合があるからだ。

　風位にかかわらず、舷側のフェンダーが接する距離と、艇が接岸場所と平行になるところを目当てに操船する。

　2艇身手前でシフトレバーをニュートラルへ入れ、1艇身手前になれば後進に入れる。予定場所でぴたりと行き足を止める。

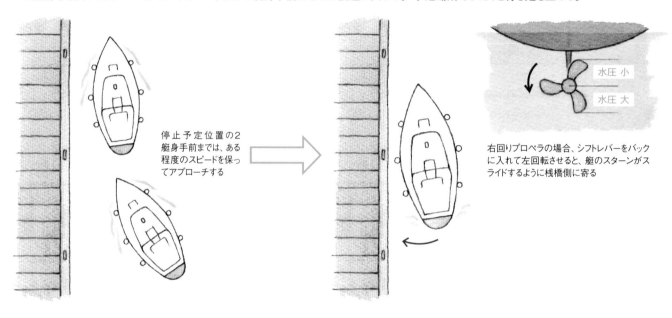

停止予定位置の2艇身手前までは、ある程度のスピードを保ってアプローチする

右回りプロペラの場合、シフトレバーをバックに入れて左回転させると、艇のスターンがスライドするように桟橋側に寄る

水圧 小
水圧 大

⑦ もやいロープを取る

　艇が平行に止まったら、デッキへ置いた1番もやいを手に持ち、ミジップから桟橋へ静かに降りる。

　1番もやいの先端を係留金具へ掛けるか、係留リングならボウラインノットですばやく結ぶ。前後に余裕がない係留場所なら、1番もやいを取ったらすぐにフネ側からロープを引いてクリートへ結ぶ。風下側へ流されるのを防ぐためである。

　着岸する側からの風位で、風が強い場合は、2番もやいをすばやくとる。もやいロープの先端を係留金具へ結べば、デッキへ戻りロープの長さを調節してクリートヒッチで結ぶ。2番もやいまで取れば、もう安心である。短時間の係船ならば、スプリングを取ってもやいを固める必要はない。

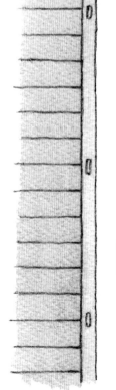

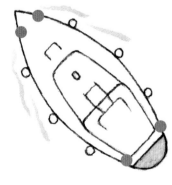

桟橋や岸壁に対してどのような方向から風が吹いているかを事前に見きわめて、最初に取るべき「1番もやい」を決めて準備する

○上：ヨットの最大幅付近のミジップから桟橋に降りる

×右：バウは細く、桟橋から離れてしまうので危険

⑧ もやいを固める

　もやいを固める前に、初めて入港するマリーナや漁港なら、管理事務所へ出向き、しばらく係留させてもらえるのかどうか確かめる必要がある。許可を得られてからスプリングを取り、もやいを固める。

　次に1番スプリング、2番スプリングの順序でもやいを取る。余ったロープを桟橋上へ放置しないように、係船金具にはもやいロープの先端を結び、ロープの長さは艇の側で調節すること。

⑨ もやいを整える

　横着けした桟橋と平行になるように、ロープの長さを調節し、自艇のもやいロープが他船の上を通っていれば、下側へ通しなおす。係船金具も自艇のロープが一番下側を通っているか確認する。

　次にフェンダーの高さを確認する。接岸した反対舷にも、フェンダーを3本つるして、フェンダーの肩がガンネルとそろうように高さを調節する。艇を離れているときに、他船が接舷する場合に備えるためである。

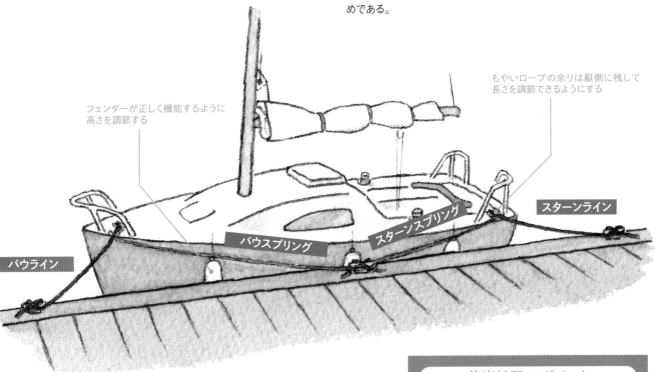

もやいロープの余りは艇側に残して長さを調節できるようにする

フェンダーが正しく機能するように高さを調節する

スターンライン

バウスプリング　　スターンスプリング

バウライン

きちんとしたロープの取り回しを見れば、すぐれたセーラーが乗っていることが一目でわかる

着岸練習のポイント

　機走による横着け着岸法は、10回練習すればマスターすることが可能である。練習の過程で、風上を把握する方法や、艇の回転や行き足をコントロールする方法を理解することができる。

　一人で危なげなく着岸できるようになれば、操船の自信が深まる。常にマストトップ風見を見上げなくても、風上がどこなのかを把握できるだろう。風上を知ることなしに、セーリングが上達するすべはないといってよい。離着岸から練習を始めることが、いかに上達の早道となるかが、お分かりいただけるであろう。

海鳥たちは風向を把握して、常に風上に向かって飛び立つ。ヨット乗りにとっても「風上を知る」ことは、さまざまな場面で重要になる

前項では、エンジンを使って行う横着け着岸法の手順とポイントを解説した。スキッパーとして、横着け着岸法を10回練習すれば、艇の風位（艇に対する相対的な風向）による回転特性が把握できるようになる。風上がどこにあるのかも、確実につかめるようになっているだろう。

離岸時には、着岸以上に風の力を利用する必要がある。まず風位を確認し、風下へ離岸するのか、それとも風上へ離岸するのかを判断する。風位の違いによる離岸法の手順を理解し、練習を重ねることで技量を高めることができる。

風位を判断することなしに離岸すれば、失敗することは明らかだ。ぶつかりそうになった横の艇や桟橋を力いっぱい押さえ、クルーへ大声を出すことになる。岸壁へ押し付けられる風位にもかかわらず、そのまま前進するとどうなるだろう。フェンダーは前進に連れて巻き上がるので、舷側は岸壁やポンツーンに接触して傷つく。前進を続けても、風圧によって押し付けられた艇は、岸壁からの離脱はできない。後進に切り替えても同じである。

風力が弱いときは、風下の岸壁をボートフックで押し、腕力で離岸することもできる。しかし次の風上離岸法を覚えると、悪条件下でも、一人でも楽々と離岸が可能になる。風上離岸法は、漁船や小型船がよく使う離岸法である。しかしこの便利な離岸法を使えるヨット乗りは、今ではめったに見かけない。手順を覚え、トレーニングを10回繰り返せば、あなたもこの名人芸を身に付けることができる。

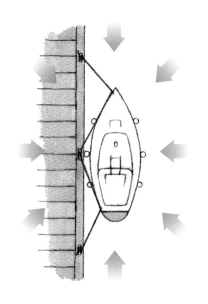

離着岸を行うときには、事前に岸壁や桟橋に対してどんな角度で風が吹いているかを把握しておくことが重要で、その準備にも大きな違いが出てくる

［風上離岸法①］（風位がアビームより前方の場合）

　風上離岸法は、スターンを風上へ離脱させるために、プロペラの起こす水流を、ラダーに当てることでスターンを風上へと移動回転させる技術である。船外機艇の場合は、操作ハンドルを切ることで、プロペラから出る水流の方向を回転に利用する。
　風上離岸法は、離岸には最も悪条件となる風位からの離脱技術であるが、これをマスターしておけば、シングルハンドでの離岸も怖さは半減するだろう。

1	2	3	4

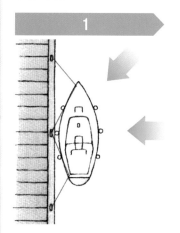

1.エンジンを始動する。

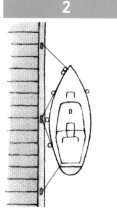

2.フェンダーを付け直す。まず風上側のフェンダーを2本外し、岸壁（桟橋）側のバウにつる。バウが岸壁側へ寄るので、あらかじめ艇と岸壁が接触しないように準備をする。次にボートフックをコクピットへ取り出しておく。

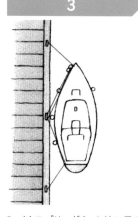

3.バウスプリングをバイトに取り直す。バイトに取るとは、ロープを二重にかけることである。一端を放して艇側から引き寄せれば、岸壁へ降りないでもやいロープを放すことができる。

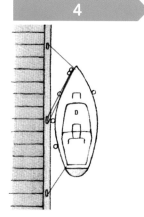

4.スターンスプリングを岸壁の係船金具から外す。着岸時は、まず風上のもやいロープから取るが、離岸時は風下になるもやいロープから外す。風下側のロープは、風圧がかかっていないので力を必要とせずに解くことができる。

| 5 | 6 | 7 |

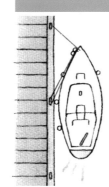

5.スターンラインを外す。スターンラインを外しても、艇は風圧によって岸壁側へ押し付けられている。バウラインとバウスプリングによって、艇は前後へ動かずに支えられた状態となる。

6.ティラーを風上側（沖側）へ45度に切る。シングルハンドのときは、ショックコードなどを使ってティラーを固定する。船外機艇の場合はティラーは中央のままにする。

7.エンジンのシフトレバーを前進低速へ入れる。風力に応じて、低速から中速へと回転を上げる場合がある。船外機艇の場合は、プロペラの水流がラダーに当たらないので、操作ハンドルを風上側へ45度に切り、シフトレバーを前進低速へ入れる。

| 8 | 9 | 10 |

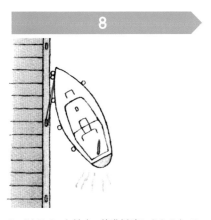

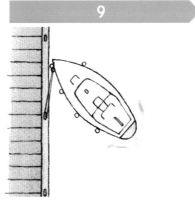

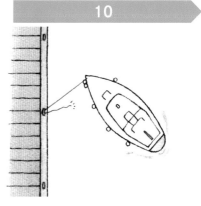

8.バウラインを外す。前進低速に入れると、スターンがゆっくりと岸壁から離れだす。バウラインが緩むのを確認したら、クルーは岸壁の係船金具からバウラインを外してデッキへ戻りロープを収納する。スターンが岸壁から45度くらいまで離れるのを待つ。

9.岸壁からスターンが45度くらい離れたことを確認して、すばやく後進低速へ入れる。後進微速では後進力がつかないので、風圧に負けて岸壁側へ戻され失敗する。後進への行き足が付けば、ティラーを中央へ戻す。

10.バウスプリングを外す。後進へ行き足が付いたのを確かめてから、バイトに取っていたバウスプリングの端を、艇のクリートから外して放す。放したバウスプリングの反対側を、デッキ側からたぐり寄せる。ロープはプロペラに巻き付かせないため、直ちにデッキ上へ回収する。

| 11 | 12 |

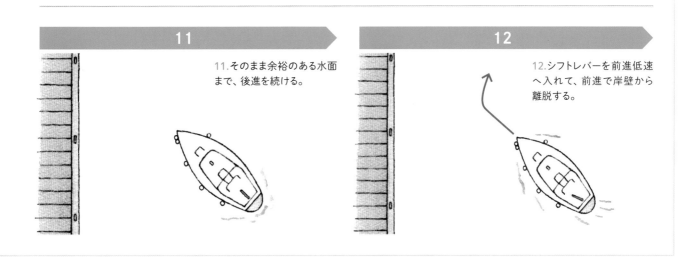

11.そのまま余裕のある水面まで、後進を続ける。

12.シフトレバーを前進低速へ入れて、前進で岸壁から離脱する。

［風上離岸法②］ （風位がアビームより後方の場合）

　ここからは風位が風上側のアビームより後方の場合に使う離岸法である。前項の離岸法の応用となる。風圧により、艇は岸壁へ押し付けられた状態なので、手順を誤れば離岸には失敗する。

1	2	3	4

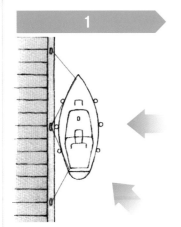

1.エンジンを始動する。

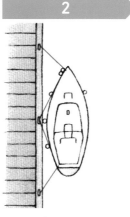

2.フェンダーを付け直す。エンジンが始動したら、まず風上側のフェンダーを2本以上、岸壁側のバウへつる。バウが岸壁側へ寄るので、あらかじめ艇と岸壁が接触しないように用意をする。次にボートフックをコクピットへ取り出しておく。

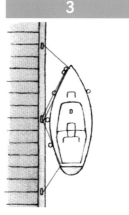

3.バウスプリングをバイトに取り直す。

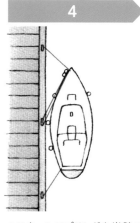

4.スターンスプリングを岸壁の係船金具から外す。ここまでは「風上離岸法①」と同じ手順となる。

岸壁や桟橋に押し付けられる風位のときには、前進での離岸は難しい

バイトに取る

バイトに取るとは、クリートやビットなどの係船具に対して1本のロープを輪のように「行って来い」の状態に通すことで、離岸時には船側からロープを解くことができる。

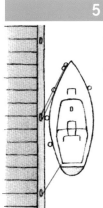

5

5.バウラインを外す。もやいロープは、常に風下側から外す原則を思い出すこと。

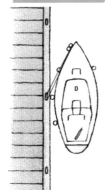

6 > **7**

6.スターンラインを外す。スターンラインを外したら、後戻りはできない。

7.ティラーを風上側へ45度に切る。船外機艇の場合は、操作ハンドルを風上側へ45度に切る。

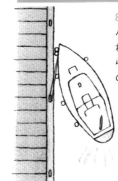

8

8.エンジンのシフトレバーを前進低速へ入れ、スターンが岸壁から45度くらい離れるのを待つ。

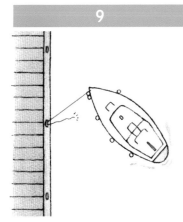

9 > **10**

9.エンジンのシフトレバーを後進低速へ入れる。スターンが45度くらい離れたことを確認して、すばやく後進へ入れる。

10.バウスプリングを外す。後進への行き足が付いたら、ティラーを中央へ戻し、外したロープをデッキへ収納する。

11

11.そのまま余裕のある水面まで、後進を続ける。

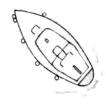

12

12.シフトレバーを前進低速へ入れて、前進で岸壁から離脱する。

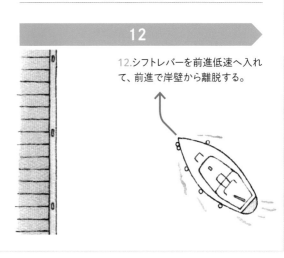

風上への離岸では、フェンダーを通じてバウを岸壁や桟橋に押し付けることで、スターンを沖側にスライドさせるように離すのがポイントとなる

前項では風上への離岸法を解説したが、風上への離岸と同様に、風下への離岸でも手順が決まっている。風が強い時でも、人の手を借りなくても、手順に習熟すれば、思い通りに出航が可能となる。マリーナからの出航であっても、寄港した港からであっても、見事な手順で出航していくのはスキッパーとしての腕の見せどころである。

離着岸の腕前が上達するとともに、風上の把握が容易となり、セーリングの腕前はおのずと向上する。

風の力によってバウが自然と桟橋や岸壁から離れるのを利用する。風上離岸法と違って前進で離岸するが、その場合にロープをプロペラに巻きつかせないように、すばやく回収することが重要になる

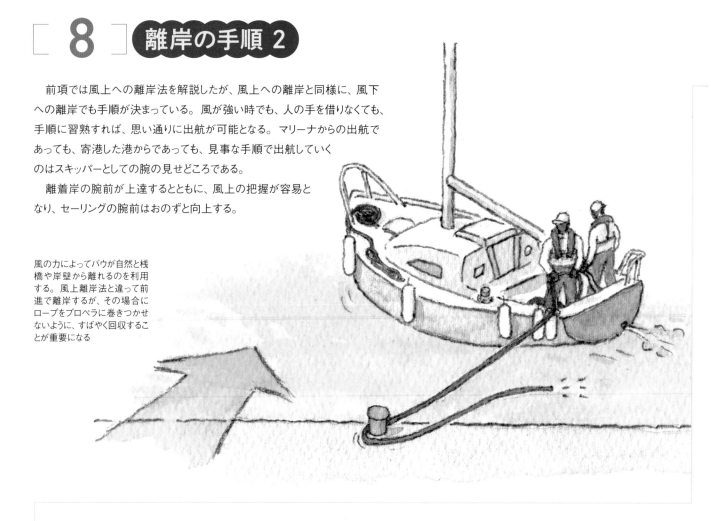

［風下離岸法 ①］ （風位がアビームより前方の場合）

岸壁側から風が吹き、風下側の水面へ離岸する場合は、風上離岸法に比べて危険が少ない。しかし、自艇の前後に他船が係留していて水面に余裕がないときには、その場でバウを回頭しなければならない。

1	2	3

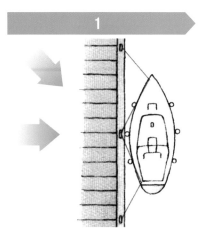

1.エンジンを始動する。

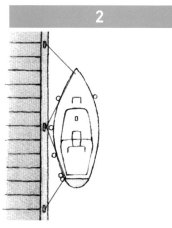

2.フェンダーを付け直す。風上側のフェンダーを2本外し、岸壁側のスターンへつる。スターンが岸壁側へ寄るので、あらかじめ艇と岸壁が接触しないように用意をする。ボートフックをコクピットへ取り出しておく。

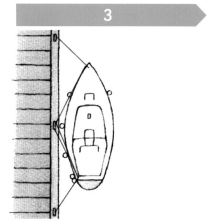

3.スターンスプリングをバイトに取り直す。

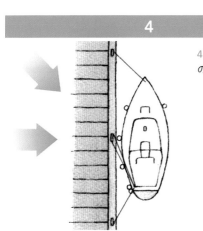

4

4.バウスプリングを岸壁の係船金具から外す。

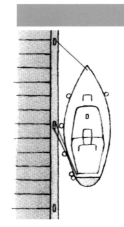

5

5.スターンラインを岸壁の係船金具から外す。

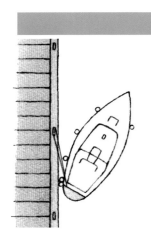

6

6.バウラインを外す。バウラインを外すと、艇は風圧によってバウが岸壁から離脱を始めるが、残してあるスターンスプリングによって、艇は後ろへは移動しない。スターンは岸壁側へ押し付けられる。

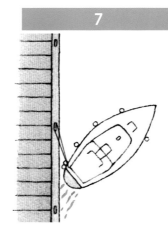

7 **8**

7.バウが水面側へ45度くらい離れるのを待つ。

8.エンジンのシフトレバーを前進低速へ入れる。

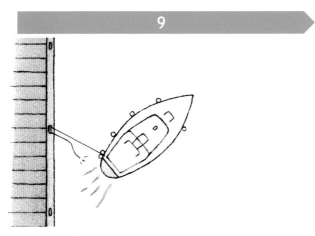

9

9.スターンスプリングを外す。前進へ行き足が付いたのを確かめてから、バイトに取っていたスターンスプリングの端を、艇のクリートから外して放す。放したバウスプリングの反対側を、デッキ側から手繰り寄せる。ロープはプロペラに巻き付かせないため、直ちにデッキ上へ回収する。

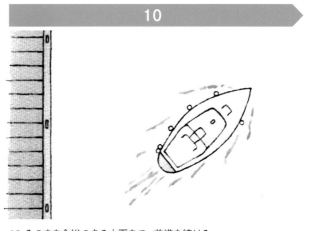

10

10.そのまま余裕のある水面まで、前進を続ける。

［風下離岸法②］（風位がアビームより後方の場合）

　岸壁側の後方から風が吹き、風下側の水面へ離岸する場合は、最も離岸が容易である。自艇の前に他船や障害物があるときには、その場でバウを回頭しなければならない。手順は風上離岸法と同じであるが、プロペラによる水流の助けを借りなくても、艇はスターンから離岸を始める。

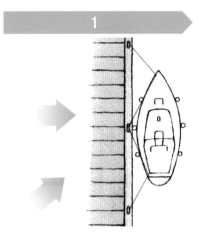

1.エンジンを始動する。

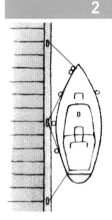

2.フェンダーをバウへ付け直す。

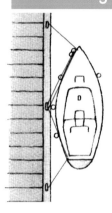

3.バウスプリングをバイトに取り直す。

離岸練習のポイント

　機走による離岸法は、風の強弱によって、スプリングラインを放すタイミングが異なる。10回練習を繰り返して、マスターしてほしい。基本の手順を知れば上達は早い。

　着岸法と離岸法の手順を練習すれば、他艇の離着岸をウォッチングする目が養われる。マリーナ内で他艇の上手下手を観察するのは、自分の技術の確認となり、さらに向上するための他山の石となるだろう。

　離着岸法に熟達すれば、風下離岸法を使える状況下では、エンジンを使わずに離岸することができる。ジブを揚げて、風圧を利用してバウを回頭させる見事なセーリング離岸も可能となる。60年前には、日本中の港で見られた出航の見せ場であった。

　練習中には、フェンダーともやいロープの収納法も身に付けよ

う。フェンダーを格納するときは、2本または3本ずつ合わせて、ロープをスリップヒッチでまとめて格納する。もやいロープはコイルアップして直ちに格納する。フェンダー、もやいロープ、ボートフックは港外では使わないので、収納は港内で行うことを習慣づける。いったん港外へ出ると、思いのほかに波風があり、デッキワークの余裕が持てない場合があるからである。

　ヨットは他の小型艇に比べて艇の回転や運動に対する風圧の影響を大きく受ける。機走による離着岸法を習得する中で、風位を把握する方法を身に付けることが可能となる。風位の把握を、セーリングの練習に先駆けて学ぶことで、セーリング技術の習得に大きな近道となるだろう。

桟橋に対する風位（風向）から、最初に放すもやいロープを決める。最後に放すロープはすばやく回収する

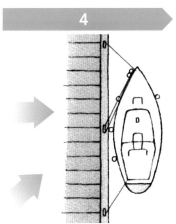

4.スターンスプリングを岸壁の係船金具
から外す。

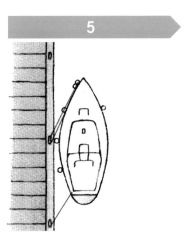

5.バウラインを岸壁の係船金具から外す。

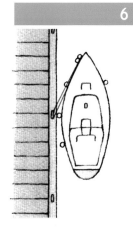

6.スターンラインを外す。
スターンラインを外すと、
艇は風圧によってスターン
が岸壁から離れ始めるが、
残してあるバウスプリング
によって、艇は前へ移動す
ることはない。風位がより
後方の場合は、バウが岸
壁側へ押し付けられる。

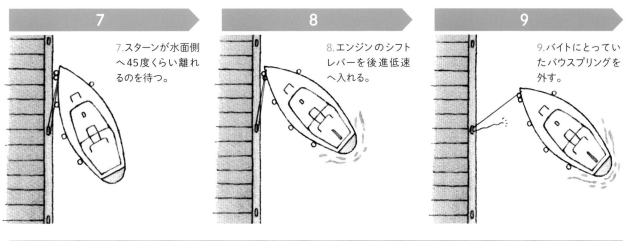

7.スターンが水面側
へ45度くらい離れ
るのを待つ。

8.エンジンのシフト
レバーを後進低速
へ入れる。

9.バイトにとってい
たバウスプリングを
外す。

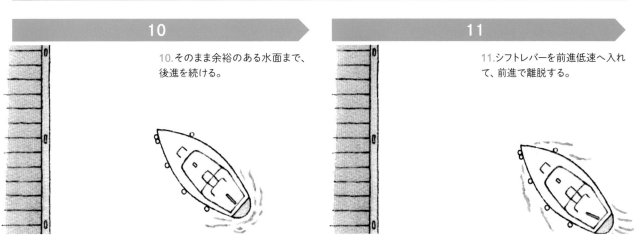

10.そのまま余裕のある水面まで、
後進を続ける。

11.シフトレバーを前進低速へ入れ
て、前進で離脱する。

［ 9 ］ アンカリングの技術

　アンカーは、船のシンボルとしてデザインによく用いられているが、本物のアンカーを使いこなせるヨット乗りは数少ない。

　ヨットが、マリーナからマリーナの間を移動するだけなら、アンカリングを行う必要はない。マリーナには、ポンツーン（浮桟橋）が完備されているので横着け着岸を行うことができる。横着け着岸法と離岸法については、前項までの解説を参考にして、見事な離着岸ができるように練習してほしい。

　しかしヨットの旅では、マリーナ以外に寄港する機会が多い。天候や潮待ちのためだけではなく、思わぬトラブルに遭って、漁港へ入港を余儀なくされる場合がある。漁港の狭い岸壁では、横着け着岸をすると広い場所を占有することになるので、アンカリングで槍着け係留する。小さな入り江で一晩を過ごすときも、アンカリングのお世話になる。

　槍着けアンカリング係留は、いきなり本番となれば、戸惑うことが多い。行き足をコントロールできないと、バウを岸壁へぶつけて、大音響をとどろかせる。風圧で横流れして、横の漁船にぶつかる。アンカーを打つ位置の目算を誤って、漁船のアンカーに絡めてしまう。

　実のところ、〈信天翁二世号〉（6.3m自作木造艇）で練習を始めた自分自身が、このような経験をした。

　〈信天翁二世号〉にはエンジンがなかったので、常にセーリングでのアンカリング着岸が必要であった。「コラー」と漁師から怒鳴られたこともある。しかしその漁師は、怒鳴ったあとに魚を一匹投げ入れてくれたのだった。

アンカーの３タイプと使い分け

　アンカーが効きすぎると、引き揚げるのに苦労するとの説がある。しかしアンカーは、しっかりと海底に食い込み、風が強くなっても、風向が変わっても、ヨットを係留場所からずれないようにすることがその役割である。風が強くなれば走錨して、バウが岸壁に当たるようでは眠ることもできない。アンカーは効く必要があるのだ。アンカーを引き揚げる手順については、後で解説する。

　アンカーは、底質（海底の性質）によって使い分けないと効果を発揮しにくい。底質には、泥、砂、礫（れき）、岩、海藻などがあり、その状態は海図に記号で記載されている。

　アンカーは底質に応じて３タイプに分かれるので、その特徴を理解して、自分の用途に合わせて選んでおく。

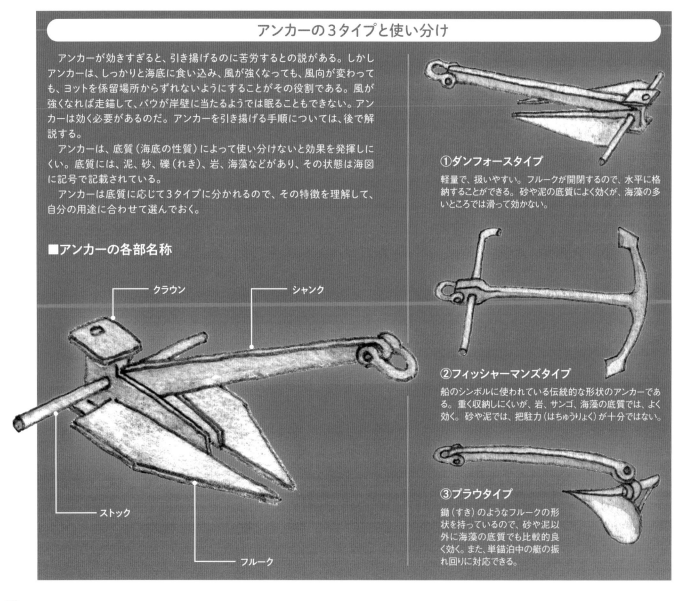

①ダンフォースタイプ

軽量で、扱いやすい。フルークが開閉するので、水平に格納することができる。砂や泥の底質によく効くが、海藻の多いところでは滑って効かない。

②フィッシャーマンズタイプ

船のシンボルに使われている伝統的な形状のアンカーである。重く収納しにくいが、岩、サンゴ、海藻の底質では、よく効く。砂や泥では、把駐力（はちゅうりょく）が十分ではない。

③プラウタイプ

鋤（すき）のようなフルークの形状を持っているので、砂や泥以外に海藻の底質でも比較的良く効く。また、単錨泊中の艇の振れ回りに対応できる。

■アンカーの各部名称

クラウン

シャンク

ストック

フルーク

［アンカーロード］

アンカーロープだけの場合でも、アンカーチェーンを組み合わせた場合でも、合わせてアンカーロードという

アンカーロープ

アンカーロープに、水に浮く素材のロープを使うと、通行する他船に支障が出る。浮いたロープが、漁船のラダーやプロペラに巻き付き事故になりかねない。そこでロープには、海水よりも比重が重いロープを使う。またロープは、海底の岩や艇のフェアリーダーにこすれる場合があるので、摩擦に強い材質を選ぶ。

アンカーチェーン

アンカーとアンカーロープの間にチェーンをつなぐと、チェーンの重量でアンカーロード全体が沈むので、スコープを大きく取るのと同様の効果が生じる。その結果、アンカーのフルーク（爪）と海底との角度が大きくなり、アンカーが海底に食い込みやすくなる。また底質が岩などの場合は、摩擦によって切断されることを防ぐ。チェーンとシャックルは、アンカーと同一材質を使うことで、電食による損耗を少なくする。

アンカーロープとアンカーの基準

	ロープ太さ	ロープ長さ	ダンフォースタイプ重量	チェーン長さ	もやいロープ長さ
25ft	10mm	40m	8kg	6mm×2m	15m×2本
25〜30ft	12mm	50m	10kg	8mm×2m	20m×2本
30〜35ft	14mm	60m	15kg	8mm×3m	25m×2本
35〜40ft	16mm	60m	20kg	10mm×5m	30m×2本
40〜45ft	16mm	60m	30kg	12mm×5m	30m×2本

アンカーロードの基準

クルージング艇には、荒天に備えて上の表よりワンサイズ上が必要となる。長距離クルージング艇には、2セットを搭載する。

ヨット用のアンカーとしては、優れた把駐力を持った「バルカンアンカー」を中村技研工業が開発して販売していたが、残念なことに、現在は大型船用のアンカーに販売が限られている。

スコープ

水深とアンカーロードの長さとの比率をスコープという。アンカーロードが短ければ、フルークの角度が浅くなり、海底に十分食い込まない。少しの外力で走錨が始まる。安全にアンカリングするためには、水深（A）の6倍以上のスコープが必要である。

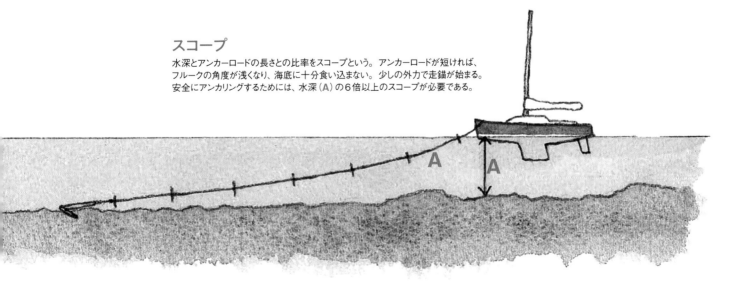

［槍着けアンカリングの手順］

　干満の潮位差が大きい海域でアンカリングを行うときは、船首着け（槍着け）を行う。狭い港内では、アンカーロードを深く沈めるためにアンカーウエイトを使用する。底質が岩やサンゴなどで、アンカーが引っかかる恐れがある場合にはアンカーモニターを使うが、これは別の機会に述べる。

　ここでは代表的な手順を解説するので、他船に迷惑が掛からないように、マリーナ以外の港湾で練習を重ねて実力をつけよう。以下の手順はスキッパーとクルーの二人で行う方法であるが、練習を積めば一人でもアンカリングは可能になる。

槍着けの全体図

バウのもやいロープは、風上側を1番もやいとして先に結ぶ

① 港内へ進入し、スキッパーはアンカリングに適切な岸壁と水面を選定する。

② 岸壁の係船金具の形状を観察する。水深が分からないときは測る。

③ いったん広い水面へ出て、準備が整うまで微速で港内を周回する。

④ クルーは、アンカーとアンカーロードをコクピットへ出す。

⑤ クルーは、アンカーロープをコクピットの座席へコイルダウンする。

⑥ アンカーロープの後端は、スターンパルピットの下をくぐらせてからクリートへ結ぶ。

⑦ クルーは、もやいロープを2本取り出し、それぞれの一端をバウパルピットの下をくぐらせてからクリートへ結び、余ったロープは、バウデッキの左右へコイルダウンする。

バウのもやいロープを準備した状態

⑧ クルーは、フェンダーを両舷へ取り付け、ボートフックをコクピットへ出しておく。

⑨ スキッパーはクルーの用意が整ったのを見て、「アンカー用意」の号令をかける。

⑩ 号令を受けたクルーは、アンカーをスターンからつり下げ、ロープをクリートへ1周させてアンカーを支えてから、「アンカー用意よし」と復唱する。

クルーはアンカーをスターンから水面へぶら下げて待機する

⑪ スキッパーは、槍着けを行う岸壁に対して直角に進入するよう艇を進める。

⑫ スキッパーは、スコープが6倍以上となる地点を見計らい、「アンカーレッコー」の号令をかける。

⑬ クルーは、1周させていたアンカーロープをクリートから外し、そのまま海底へ着くまでロープを緩める。

⑭ クルーは、岸壁からバウが1艇身となったら、艇の行き足を止めない程度にロープを張り、アンカーの効きを確かめる。

⑮ スキッパーは、バウが岸壁から1mの所で行き足を止め、受け取ったアンカーロープをクリートへ仮止めする。

⑯ クルーは風上側の1番もやいを持って岸壁へ上がり、ロープの先端を係船金具へ結ぶ。

⑰ スキッパーはバウへ行き、2番もやいをクルーへ渡す。

⑱ クルーは2番もやいを係船金具へ結び終えたら、直ちに艇へもどる。

⑲ クルーはバウが岸壁から3mほど離れるように、もやいロープの長さを調節して、クリートへ結び直す。

⑳ スキッパーは、力いっぱいアンカーロープを引き、アンカーが十分に効いているかを確かめる。

㉑ アンカーが効いていれば、バウを岸壁から2mほど離した位置で、アンカーロープをクリートへ結び直す。

㉒ 余ったアンカーロープともやいロープをコイルダウンして整理する。

［槍着けアンカリングからの離岸手順］

槍着けからの離岸の全体図

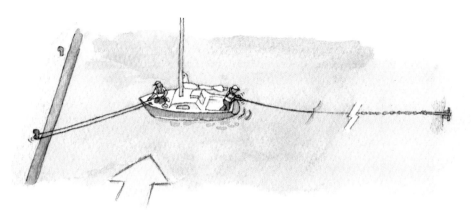

槍着けのコツ

槍着けアンカリングのポイントは、① バウを岸壁へぶつけない、② 岸壁へ直角に係留する、③ 一度で成功させることの3点であるが、ビギナーにとっては、思いのほか難しい技術である。「アンカリングができないようでは、ヨット乗りとして一人前とは言えないよ」。師匠の一人であった徳弘忠司さんが言っていた。離着岸の技術と同じく、アンカリングの成否は、風圧による艇の行き足をコントロールすることがポイントとなる。思うように行き足をコントロールして、寄港した港では、見事な離着岸を見せられるように練習してほしい。

① 全員がヨットに乗り、ライフジャケットを着用してから出航の準備を始める。

② スキッパーは、エンジンをかけてからボートフックをコクピットへ出しておく。

③ スキッパーの号令「離岸準備」を待って、クルーは岸壁へ上がり、風上側のバウラインをバイト（行って来い）に取り直し、風下側のロープは係船金具から外してからバウデッキへ戻る。

④ スキッパーはアンカーロープをたぐり始める。

⑤ クルーは、バイトに取ったもやいロープの一端を解き、もう一端のロープを引いて風上側のもやいロープを回収する。

⑥ クルーはコクピットへ戻り、スキッパーからアンカーロープを受け取ってロープをたぐり寄せ、コクピットの座席へコイルダウンしていく。

⑦ スキッパーは、エンジンのシフトレバーを微速後進に入れる。

⑧ 海中のロープの方向を見て、プロペラに絡めない方向へ後進を続ける。

⑨ クルーは、スターンがアンカーの真上へ来たのを確かめて、アンカーロープを張りながらクリートへ結ぶ。

⑩ スキッパーは、エンジンを低速後進にして、行き足の力を利用してアンカーを海底から引き起こす。

⑪ クルーは、すばやくロープをたぐり寄せ、アンカーをコクピットへ回収する。

⑫ スキッパーは、余裕のある水面まで艇を移動させて、微速で周回する。

⑬ クルーは、もやいロープとアンカーロープをコイルアップして、アンカーとともにロッカーへ収納する。

⑭ フェンダーを外して収納する。

⑮ 整理整頓が終われば、出航する。

スターンのロープをたぐってバウを岸壁から離す

スターンがアンカーの真上にきてからアンカーを引き起こす

離岸時には、バウラインをバイト（行って来い）に取り直しておき、離岸したらすばやく回収する

［10］ セーリングの準備と片付け

多くの外洋ヨットでは、メインセールを常にブームにセットしておき、その上からメインセールカバーをかけて収納している。またジブは、ファーリングジブを装備しているので、セールを巻き取って収納している。

セーリングの準備には、手間取らない便利な装備である。しかし、ファーリングジブであっても、セールを修理するときは外す必要がある。

セールのアップ、ダウンについて基本

的な手順を知っておかないと、いざ揚げ降ろしが必要となった時に戸惑ってしまう。従って基本的な手順を習得することは、スキッパーとしての技量を向上させるためには欠かせない。

［準備］

メインセールのセット

① メインセールのフットをブームのグルーブ（みぞ）へ、クリューの側から後ろへ向かって通す。

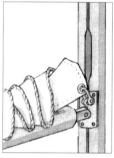

フットをブームのグルーブへ

② タックをグースネックの金具へ留める。

③ クリューをアウトホールのシャックルへ留める。

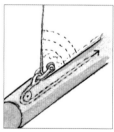

ブーム後端にあるアウトホールのシャックル

④ アウトホールを引き、フットに適切なテンションをかけてクリートへ留める。

⑤ セールを、ブーム上へフレーキングまたはバッギング（P.38）で畳み、セールタイまたは雑索で仮留め。

⑥ ヘッドをマストのグルーブへ差し込む。

⑦ メインハリヤードの上部が絡まっていないか確認する。

⑧ ヘッドをハリヤードシャックルへ留める。

メインセールのヘッドをグルーブに通してからシャックルに留める

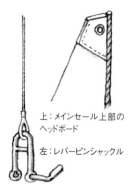

上：メインセール上部のヘッドボード
左：レバーピンシャックル

⑨ ハリヤードをたるまない程度に引き、クリートへ仮留めする。

ジブのセット

ハンクスは必ずジブの下側から固定していくこと。先にハリヤードを留めて上部からハンクスをセットすると、デッキに残ったセールが風にあおられて舞い上がる恐れがある。

① ジブのタックを、ステムヘッドの金具へ留める。

② 下側のハンクスから、順番にフォアステーへ留めていく。

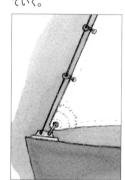

③ クリューへ、ジブシートをボウラインノットで結ぶ。

クリュー部分

④ 雑索を使って、ジブをライフラインへ仮留めする。

⑤ ヘッドをジブハリヤードに留める。

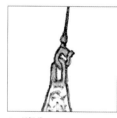

ヘッド部分

ジブラフのハンクス

⑥ ハリヤードをたるまない程度に引いて、クリートへ仮留めする。

メインセールアップの手順

　セールは必ずメインセールから揚げる。後方から前方へ順次、セールを揚げていくのが帆船時代からの原則である。ジブは艇がどのような風位であっても、揚げることができる。しかしメインセールは艇をある程度風に立て、セールから風を逃がさないと、揚げることができない。

　もしジブを先に揚げてしまうと、ジブだけでは風上へ切りあがることが困難なので、メインセールを揚げることが難しくなる。従って、まずメインセールを揚げ、条件を整えてからジブを揚げる。

① メインハリヤードがマスト上部で絡まっていないか再度確認する。

② スキッパーは、艇を風上から45度以内を保ちながら一定方向へ直進させる。

③ スキッパーは、メインセールに風を入れないように、メインシートを緩める。

④ クルーは、ハリヤードをウインチへ時計回りに2回巻き付け、手で素早く引いてセールを揚げる。

⑤ ラフに適度なテンションがかかるまで、ウインチハンドルを使ってハリヤードを巻く。

⑥ スキッパーは予定するコースへ変針する。

⑦ メインシートを風位に合わせてトリムする。

⑧ クルーは、ハリヤードをコイルアップして整理する。

メインハリヤードのウインチはドッグハウスやマスト下部にある

45度以内
風向
45度以内

ファーリングジブの場合は、ジブに風がはらむ風位にバウを向けて、ファーリングラインを外してからジブシートを引けば、風の力でジブが自ずから開いてくる

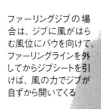

ジブアップの手順

① ジブハリヤードがフォアステーに絡まっていないか確認する。

② スキッパーは、風下側となるジブシートを、ジブシートウインチへ時計回りに2回巻きつける。

③ クルーはハリヤードを素早く引き、ジブを揚げる。

④ スキッパーは、ジブが激しくシバーするのを止めるために、ジブシートを適度に引く。

⑤ クルーはラフに適切なテンションがかかるまで、ウインチでハリヤードを巻く。

⑥ クルーはハリヤードをコイルアップする。

⑦ スキッパーは、ジブシートをクルーへ渡す。

⑧ クルーは風位に合わせてジブシートをトリムする。

［片付け］

ジブダウンの手順

セールを降ろすときには、揚げるときとは反対に、まずジブから降ろす。最後までセーリングでの自由余地を残すために、メインセールは最後に降ろすことが原則である。

① クルーはハリヤードのコイルアップを解く。

② クルーは、ジブシートをクリートから解き、緩めないようにしてスキッパーへ渡す。

③ クルーは、ジブハリヤードをクリートから解いて緩める。

④ スキッパーは、クルーがジブのフットをつかみ取れるように、ジブシートを引き込む。

⑤ クルーはバウデッキへ行き、海中へ落とさないようにフットをデッキへ引き降ろす。

⑥ 続いてラフをつかんでジブ全体をデッキへ引き降ろす。

⑦ 降ろしたジブをライフラインへ仮留めする。

⑧ ジブハリヤードをジブのヘッドから外してパルピットへ留める。

⑨ クルーはコクピットへ戻り、ハリヤードを引いてクリートへ仮留めする。

メインセールダウンの手順

① スキッパーは、艇を風上から45度以内を保ちながら一定方向へ直進させる。

② クルーは、ハリヤードをウインチとクリートから解いて整理しておく。

③ スキッパーはメインシートを緩め、セールをシバーさせる。

④ クルーはマスト下へ行き、ラフをつかんでセールを素早く引き降ろす。

⑤ スキッパーは、ハリヤードが途中で絡めば解く。

⑥ スキッパーは、セールが降りるのに合わせてメインシートを引き込み、ブームが暴れないよう固定する。

⑦ クルーはブームの上にセールをセールタイまたは雑索で仮留めする。

⑧ スキッパーは予定するコースへ変針する。

⑨ クルーはハリヤードをコイルアップして整理する。

メインセールのバッギング

メインセールをブーム上へ収納するときは、バッギングとフレーキングの2通りがあり、ここではバッギングの手順を解説する。メインセールをバッグへ収納するときは、バテンを抜き取り、ジブと同様にフレーキングで畳んで収納する。

① メインセールからハリヤードのシャックルを外し、ブームエンドへ留める。

② ハリヤードを引き、クリートへ固定してコイルアップする。

③ セールの仮留めを解く。

④ マストに近いクルーは風上側に、コクピットに近いスキッパーは、風下側につく。

⑤ スキッパーとクルーは、フットに近い側からリーチとラフをつかんでフットを袋状にする。

⑥ 袋状にした中へ、セールを畳み入れる。

⑦ ヘッドまで畳み入れたら、全体をのり巻きのように、ブームの上に巻き上げる。

⑧ 巻き上げた上から、セールタイもしくは雑索を3本使って縛る。

⑨ セールカバーをかける。

劣化防止のためカバーをかける

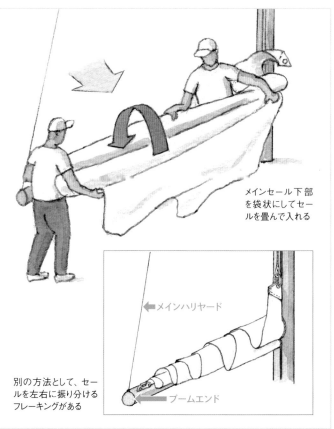

メインセール下部を袋状にしてセールを畳んで入れる

← メインハリヤード

別の方法として、セールを左右に振り分けるフレーキングがある

ブームエンド →

ジブのフレーキング

① ジブシートをクリューから解いて、コイルアップする。

② 上側のハンクスから外してジブを取り外す。

③ セールを乾燥させる。

④ 二人でフットを引き、タックとクリューを押さえる。

⑤ フットのほうへ向かって約50cmずつ平行になるよう、順番に折り畳んでいく。

⑥ 折り畳んだセールを、タックとクリューの両側から巻いていく。

⑦ セールバッグへ収納する。

フレーキングではセールを巻かずに折り畳む

セールバッグの大きさによっては、さらに折り畳む

準備中は予測の時間

準備を怠り、いきなり出航すると港外は意外に波が高かったり、風が強かったりするので慌てることがある。準備が十分でないと手順を間違ってしまい、セールを揚げるのもままならない場合がある。

出航前に準備を整えることで、セールの不具合などを事前に発見することが可能となる。準備中にセールのアップ、ダウンを反すうすることで、トラブルを未然に防ぐことができる。

登山などの自然を相手とするスポーツと同じく、ヨットの技術は生涯学習と言える。準備に費やす時間は予測の時間であり、収納の時間は自己評価の時間とすることができる。万全の準備を整えることは、ヨット乗りとしての技術向上の過程に他ならない。準備と収納の手順を覚えてスキッパーの道を歩もう。「終わりよければすべてよし」となることを願いながら。

ヨットを操り、思うところへクルージングができるようになるには、多くの手順を理解するとともに幅広い知識が必要である。港内での離着岸やセールのアップ、ダウンには決まった手順があり、間違うと自分のみならず他艇へも被害を及ぼす場合がある。

ビギナーだけではなくベテランヨット乗りであっても、ヨット上ではミスも失敗も起こる。失敗は技術を向上させるチャンスとなる。失敗を理解して恥を知ることで次

の機会にまたチャンスが訪れる。あらかじめ手順と知識を理解しておかないと、いつまでも試行錯誤を続ける羽目となり遠回りするばかりだ。

技術は手順と知識とで成り立つ。技術を身に付けるためには、年齢にかかわらず反復練習とテストが必要である。テストは結果をみて自己評価を修正することができる。

これまで9項目にわたって、外洋ヨット

の基本技術を学んできた。その成果を試すために、また自分のレベルを確かめるためのレビューテストを設定した。

解答欄へは○×または数字で記入する。テスト時間は30分、90%以上の正解はスキッパー経験が10年以上のベテランの実力A、80%以上はスキッパー2年以上の実力B、70%以上はビギナーC、70%以下のときは、過去の内容をもう一度見直してみよう。

［スキッパーとクルーの役割］
○×で記入する。

① （　　）スキッパー（艇長）はヨットを運航する上での責任者である。
② （　　）クルーはスキッパーの指示に従うだけでよい。
③ （　　）ヨットが事故を起こしたときは、乗員全ての共同責任となる。
④ （　　）個人用安全装備はヨットのオーナーが準備するべきである。
⑤ （　　）ヘルムスマンは操舵を受け持つクルーである。

［マリーナや漁港での基本マナー］
○×で記入する。

⑥ （　　）入港して広く空いている岸壁や桟橋があれば、係船の許可は不要である。
⑦ （　　）他船に横着けして係留するときは、相手船の了解をもらわねばならない。
⑧ （　　）もやいロープを係船金具へ取るときは、他のロープの一番上に結ぶ。
⑨ （　　）もやいロープが十分長いときは、長さを調節するために桟橋上に余分を持たせる。
⑩ （　　）ボウラインノットは万能の結び方であるから、もやいロープは全てボウラインノットで結ぶ。

［ヨットの各部名称］ 名称に該当する番号を右ページの図から選び記入する。

⑪ （　　）ティラー
⑫ （　　）ラダー
⑬ （　　）マスト
⑭ （　　）シュラウド
⑮ （　　）バックステー
⑯ （　　）スプレッダー
⑰ （　　）ターンバックル
⑱ （　　）ブーム
⑲ （　　）コクピット
⑳ （　　）バウ
㉑ （　　）スターン
㉒ （　　）ミジップ
㉓ （　　）ボトム
㉔ （　　）デッキ
㉕ （　　）ヘッド（キャビン内）

㉖ （　　）クォーターバース
㉗ （　　）ギャレー
㉘ （　　）フォクスル
㉙ （　　）メインセール
㉚ （　　）ジブシート
㉛ （　　）ブームバング
㉜ （　　）メインハリヤード
㉝ （　　）ジブハリヤード
㉞ （　　）レバーピンシャックル
㉟ （　　）スナップシャックル
㊱ （　　）フォアステー
㊲ （　　）ラフ
㊳ （　　）フット
㊴ （　　）リーチ
㊵ （　　）バテン

㊶ （　　）クリュー
㊷ （　　）タック
㊸ （　　）ヘッド
㊹ （　　）リーフポイント
㊺ （　　）ボルトロープ

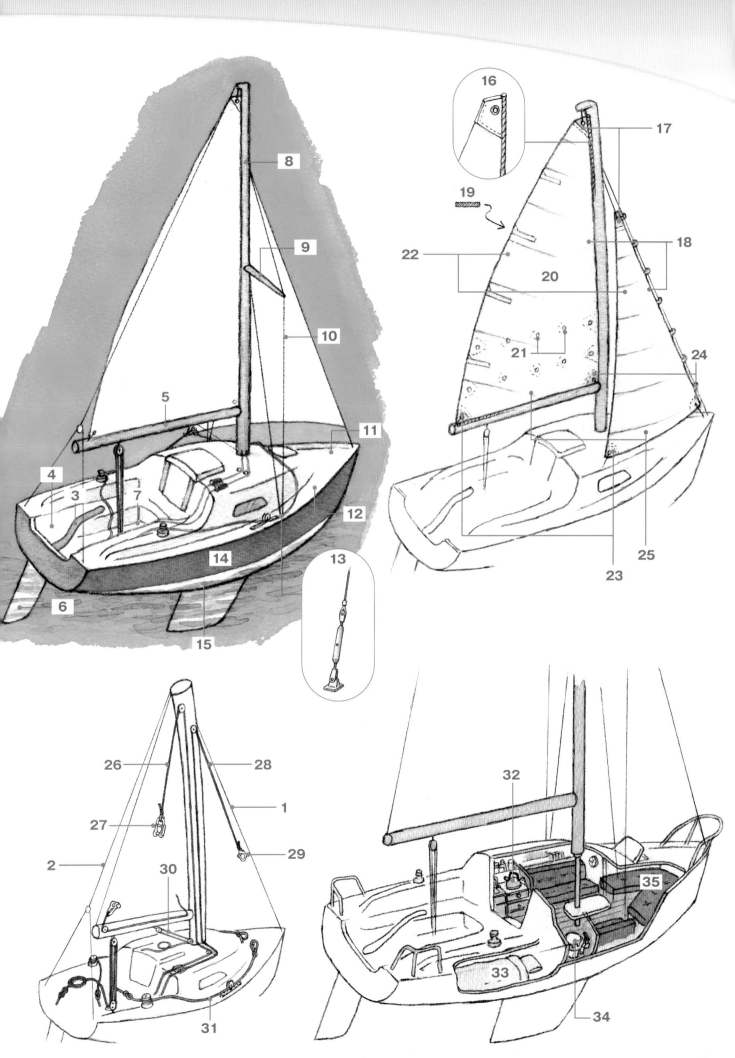

［エンジンを使った離着岸法］

46〜48、54〜61 ○×で記入する。
49〜53、62〜65 該当する番号を図から選び記入する。

46（　） 船外機の多くは一般的にガソリンを燃料として使う。

47（　） 船内機がディーゼルエンジンのときは燃料として軽油を使う。

48（　） 最近のエンジンは暖機運転が不要なので始動してすぐに離岸してもよい。

49（　） 下の図1の風向のとき、着岸時に最初に取る1番もやいの番号を図から選んで記入せよ。

50（　） 下の図1の風向のとき、"2番もやい"の番号を図中から選び記入せよ。

51（　） スターンスプリングを図1の中から選んで番号を記入せよ。

52（　） バウスプリングはどれか図中の番号を記入せよ。

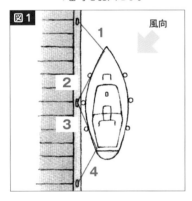

図1　風向

53（　） 係留金具がホーンクリートのとき、もやいロープの結び方は図2のいずれを使えばよいか。

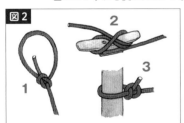

図2

54（　） 着岸の準備は早いほうが良いので、入港前にフェンダーを結びもやいロープを設置する。

55（　） 横着け着岸時にはクルーはもやいロープを持って常にバウに立ち飛び降りる用意をしておく。

56（　） ヨットが岸壁へ当たりそうになったときは、足か手を使って岸壁を押して接触を防ぐ。

57（　） フェンダーは着岸してから桟橋との間に3本設置する。

58（　） 着岸した側と反対舷にフェンダーを設置する必要はない。

59（　） エンジンを使って離岸するときは風位を見て離岸法を選択する。

60（　） 下の図3に示したように横着けした桟橋の反対側から風を受けているときは風上離岸法を使う。

61（　） 強風下であってもボートフックで艇を押し出せば離岸は無理なくできる。

62（　） 下の図3の風位のときに風上離岸法で離岸するときバイトに取るべきもやいロープはどれか図中の番号を選べ。

63（　） 同じく最初に放すべきもやいロープはどれか。

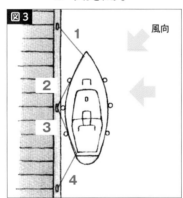

図3　風向

64（　） 下の図4の風位のときに風下離岸法で離岸するときバイトに取るべきロープはどれか。

65（　） 同じく最初に放すべきもやいロープはどれか。

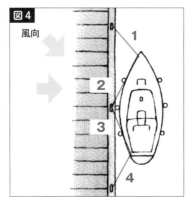

図4　風向

［アンカリング］

66、67、71 ○×で記入する。
69、70 該当する番号を選び記入する。

66（　） アンカーに付属するチェーンとアンカーロープを合わせてアンカーロードという。

67（　） アンカーロープには水に浮く素材のロープが取り扱いやすくて適切である。

68（　） アンカーロードを水深の（2倍、3倍、6倍）以上に伸ばせばアンカーが十分な把駐力を発揮するのか、カッコ内から倍数を選んで記入せよ。

69（　） 図5の中の3種類のアンカーのうちダンフォースタイプのアンカーはどれか。

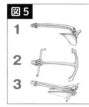

図5

70（　） ダンフォースタイプのアンカーは、（①砂、②岩、③海藻）のいずれの底質のときに性能を発揮するか。カッコ内から選択せよ。

71（　） アンカリングは一度でうまくいかなければ何度でもやり直しができる。

［セールのアップ、ダウンと収納］

○×で記入する。

72（　） メインセールをセットするときは、まずメインハリヤードをヘッドに取り付けてから行えばよい。

73（　） クリューへジブシートを取り付けるときはボウラインノットで固く結ぶ。

74（　） メインセールはどの風位からでも揚げることができる。

75（　） ジブはどの風位からでも揚げることができる。

76（　） ファーリングジブを固く巻き取るためには、ある程度風をはらませておくほうがよい。

77（　） セールを降ろすときはジブからではなく、まずメインセールから降ろす。

78（　） ジブはフレーキングで畳んでからセールバッグへ収納する。

79（　） メインセールをブーム上に畳んだ後はセールカバーをかけておく。

80（　） メインセールを収納した後は、ブームが左右へ動かないように固定する。

解答と解説

［スキッパーとクルーの役割］

① （○）　スキッパーはヨットとクルーおよびゲストと目的地まで安全に航海する義務を負う。

② （×）　クルーはスキッパーの指示に従うだけではなく、周囲の見張りを行い、操船上の意見をスキッパーに伝える。

③ （×）　クルーの失敗であっても、事故の責任はスキッパーにある。

④ （×）　オーナーはヨットの安全装備を整えるが、個人用安全装備はクルーが各自で用意する。

⑤ （○）　スキッパーが兼務していない場合には、ヘルムスマンはクルーの一人である。

［マリーナや漁港での基本マナー］

⑥ （×）　広く空いている場所のように見えても、係留する船が戻ってくるかもしれないので、許可なく係船してはならない。

⑦ （○）　相手船は出港する予定があるかもしれないので、横着けするときは了解をもらう。

⑧ （×）　小型船、大型船、アジア、ヨーロッパを問わず、すでに取ってあるもやいロープの下側を通す。

⑨ （×）　もやいロープの余りは桟橋上へ放置すると通行の障害となり、また干満への調整に備えてデッキ上へコイルダウンしておく。

⑩ （×）　ボウラインノットは汎用性がある結びであるが、係船金具に合わせた結び方をしなければならない。

［ヨットの各部名称］

⑪ （3）	㉒ （14）	㉝ （28）	㊹ （21）
⑫ （6）	㉓ （15）	㉞ （27）	㊺ （16）
⑬ （8）	㉔ （12）	㉟ （29）	
⑭ （10）	㉕ （34）	㊱ （1）	
⑮ （2）	㉖ （33）	㊲ （18）	
⑯ （9）	㉗ （32）	㊳ （25）	
⑰ （13）	㉘ （35）	㊴ （22）	
⑱ （5）	㉙ （20）	㊵ （19）	
⑲ （7）	㉚ （31）	㊶ （23）	
⑳ （11）	㉛ （30）	㊷ （24）	
㉑ （4）	㉜ （26）	㊸ （17）	

［エンジンを使った離着岸法］

㊻ （○）　ヨットに装備する4ストロークの船外機ではガソリンを燃料とする。

㊼ （○）　ヨットのディーゼルエンジンの燃料は軽油である。

㊽ （×）　船外機、船内機にかかわらず暖機運転が必要である。

㊾ （1）　最も風上になる側のもやいロープをまず初めに取るので、そのロープを1番もやいと言う。

㊿ （4）　1番もやいと間違えば、ヨットが風下側へ流される。

51 （3）　スターンスプリングはスターンから前方へ取るスプリングラインのこと。

52 （2）　バウスプリングとスターンスプリングを取ることを、もやいを固めるという。

53 （2）　係船金具に合わせた結びで止める。

54 （×）　入港時は見張りに注意を割かなくてはならないので、着岸準備は入港してから行う。

55 （×）　横着け着岸のときはミジップに立ち、接岸しても飛び降りないようにする。

56 （×）　足や手で押すとケガをする恐れがあるので、ボートフックで押す。

57 （×）　着岸時の接触を防ぐために、着岸所が決まれば高さに合わせて事前に設置しておく。

58 （×）　上陸中に横着けする他艇に備えて、反対舷にもフェンダーを設置しておく。

59 （○）　エンジンでもセーリングでの離岸でも、ヨットは風圧の影響が大きいので風位によって適した離岸法を選択する。

60 （○）　風上側へヨットを離岸させるときは、風上離岸法を使う。

61 （×）　無風または微風時にはボートフックで押し出して離岸することは可能である。

62 （2）

63 （3）

64 （3）

65 （2）

［アンカリング］

66 （○）　ロープだけの場合でも、チェーンと組み合わせた場合でも、アンカーロードという。

67 （×）　水に浮く素材のロープはスコープを減少させるのでアンカーの効きが悪くなる。また水面に浮いたロープは、他船の通航に害を及ぼす。

68 （6）　アンカーが十分な把駐力を発揮するためには、6倍以上のスコープが必要である。

69 （3）　1は プラウタイプ、2は フィッシャーマンズタイプ。

70 （1）　アンカリングする場所の底質によって、適切なタイプのアンカーを選ぶこと。

71 （×）　他船への接触や疲労からくるケガを未然に防ぐために1度で成功させなければならない。

［セールのアップ、ダウンと収納］

72 （×）　先にハリヤードをヘッドに付けてからタックやクリューを止めようとするとセールが風にあおられる。

73 （○）　手（余り）を長めにして固く締めないとシバーしたときに解けることがある。

74 （×）　風上からおよそ45度までの風位でないとセールに風をはらみ揚げるのは難しくなる。

75 （○）　ジブはどの風位からでも揚げることができる。

76 （○）　風をセールから抜いてシバーさせてしまうと緩んだ状態に巻き取ってしまう。

77 （×）　セールを降ろすときは前方のセールであるジブから降ろす。

78 （○）　セールバッグへ押し込むのではなく、次にすぐ使えるようにフレーキングでたたんで収納する。

79 （○）　短時間の場合は構わないが、思わぬ風によって収納したセールが暴れるのを防ぎ、セールクロスは長期間暴露すると紫外線で劣化するのでセールカバーをかける。

80 （○）　波に揺られてブームが左右に振られて、ブロックやシャックルが破損するのを防ぐためにブームを固定しておく。

［12］ セーリングの練習1

ヨットは風を動力源とし、風をセールに流すことによって揚力を生みだし前進力を得る。風には風速と風向の二つの要素が伴う。二つの要素にセールを適合させることで揚力が高まり、より良いスピードを得ることができる。クルージングはレースをするのではないから、速く走る必要はないという意見も聞く。しかしクルージングであっても、スピードは航海に余裕を生み安全にもつながる。セーリングが上達すれば、エンジンの5倍のパワーを生み出すことが可能だ。もっぱらクルージングを楽しむヨット乗りも、セーリング技術を習得すれば、いっそう航海が楽しくなるのではないだろうか。そのために、まずは100時間セーリング練習に取りかかろう。

セールをうまく扱えばエンジンの5倍のパワーを得られる

風位とセーリングの種類

すでに解説した離着岸技術をある程度習得したならば、艇に対してどちらの方角が風上となるのかは理解できているであろう。気象予報の風向は東西南北のいずれの方角から吹いてくるかを示しているが、艇に対して前後、横、斜めのどの方角から吹いているかを表すときは風位という。ヨットのバウに対する相対的な風向と言ってもよい。

セーリングが上達する第一歩は風位を知ることから始まるので、

それぞれの風位に当てられた名称を図解から覚えてほしい。

また風をバウに向かって左右のどちら側から受けているかによって、ポートタックとスターボードタックとを区別する。風をポート（左舷側）から受ける風位でセーリングする状態をポートタックといい、スターボード（右舷側）から風を受けている状態をスターボードタックという。

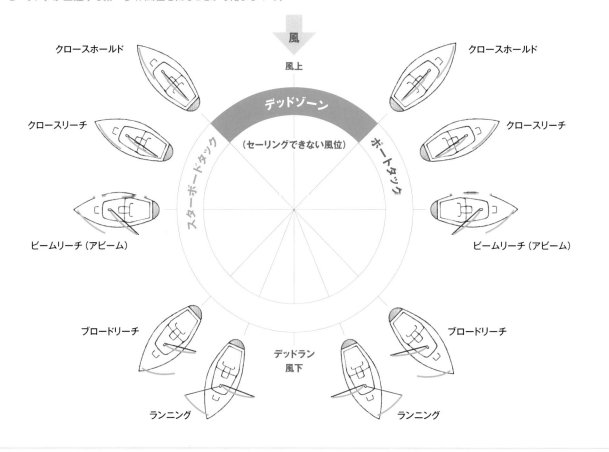

［風位に合わせたセーリング］

　風位に合わせてセールを適切な角度に調整することをセールトリムという。

　ジブがある場合はメインセールからセールトリムするのではなく、まずジブからトリムを行うのがコツである。なぜならジブから流れ出た風がメインセールに当たるので、ジブを適切にトリムしないとメインセールのトリムは定まらないからである。

　クロースホールドではジブのラフを常に注意して、裏風が入らない限界を見きわめながらステアリング（操舵）の練習をすることが2番目のコツである。風見（ウインデックス）や風向計を見つめていては上達が遠回りとなる。セールのはためく音やヒールのわずかな変化を耳と体でも感じ取ることが大切である。

ジブのラフの裏風

第1目標は100時間シングルハンドセーリングの達成に置こう。風位のわずかな変化が、艇に与える影響を察知できるようになる

クロースホールド

　風上に対して最大限に切り上がってセーリングする状態を言う。クロースホールドでは、ジブのラフをセーリングの目当てとしてステアリング練習を行う。ラフに入る裏風を観察することに集中してステアリングの練習をする。そして艇速を落とすことなく、一定のヒールを保ってクロースホールドをセーリングできるようになろう。この技術は、のちに学ぶサバイバルセーリングのための必須条件となる。

① クルーはジブのリーチがシュラウドに接する手前までジブシートを引き込みクリートへ固定する。

② スキッパーはメインセールのラフに裏風がほぼ入らなくなるまで、メインシートを引き込み固定する。

③ スキッパーは風上側のデッキへ座りステアリングを行う。

④ ジブのラフに裏風が入る直前の状態を保つようにティラーでステアリングを行う。

⑤ ジブのラフに裏風が少しでも入ればティラーを引き、風下へヘッドダウンする。

⑥ 10分以上クロースホールドを保ち、④の状態を常に保つようステアリング練習に集中する。

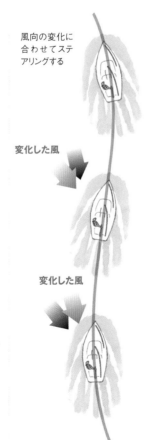

風向の変化に合わせてステアリングする

変化した風

変化した風

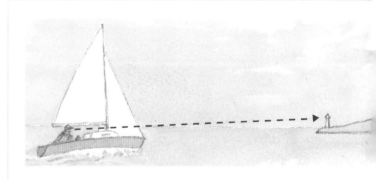

クロースリーチ

　クロースホールドよりも風下の風位でセーリングしている状態をフリーのセーリングという。フリーのセーリングでは、12時方向（バウを12時としたときの時計表示の方向）の煙突や山頂などの陸標を目当てと定め、そこへ直進するようにステアリング練習を行う。風向が変化するのに合わせてコースを変えながら、同じ風位でセーリングするクロースホールドとは異なり、フリーのセーリングでは艇を直進させ、風位が変化するのに応じてセールトリムを行うことが上達するコツである。

① クルーは、ジブのラフに裏風が入る直前までジブシートを緩める。

② スキッパーは、メインセールのラフにわずかに裏風が入るところまでメインシートを緩める。

③ 定めた目標に向かって直進するようにステアリングを続ける。

④ 風位の変化に応じて、セールトリムを繰り返す。

ビームリーチ

　風を艇の正横から受けてセーリングする状態をビームリーチまたはアビームという。ビームリーチはセールの推進力が最も効率良く発揮され、スピードが上がることによって見かけの風速が増加するので、最もスピードが出る風位となる。

① クルーは、ジブのラフに裏風が入る直前までジブシートを緩める。

② スキッパーは、メインセールのラフにわずかに裏風が入るところまでメインシートを緩める。

③ 目標に向かって直進するようにステアリングを続ける。

④ 艇がスピードに乗れば、アパレントウインド（見かけの風）の風位が前方へ変化するので、②の状態を保つようにセールトリムを繰りかえす。

ブロードリーチ

　風を斜め後ろから受けてセーリングする状態をブロードリーチという。艇のヒールが少なく波が高くても走らせやすい風位である。

① クルーは、ジブのラフに裏風が入るまでジブシートを緩める。

② 直ちに裏風が入らないところまでジブシートをトリムする。

③ スキッパーは、メインセールのラフにわずかに裏風が入るところまでメインシートを緩める。

④ 目標に向かって直進するようにステアリングを続ける。

⑤ 艇が波に乗ってスピードが上がったとき、風位がやや前寄りへ変化するのでセールをトリムする。

ランニング

　風を真後ろから受ける風位でセーリングする状態をランニングという。ランニングではスピードが上がるほどに艇が実際に受ける見かけの風速は低下するのでスピードは頭打ちとなる。

　波があれば左右へローリングするので直進させることが難しくなる。そのためにブームが突然反対舷へ返るワイルドジャイブが生じやすい。ワイルドジャイブをすると衝撃で艤装品が破損したり、ブームで頭を打ったりする事故につながるので、風位の変動をすばやく察知する練習が欠かせない。

　ウィスカーポールまたはスピンポールを使ってジブを風上側へ張りだすセーリングを「観音開き」という。

① ランニングでは、メインシートはブームがシュラウドに接する直前まで緩める。

② クルーは風下側のジブシートを緩め風上側のジブシートを引いてスキッパーへ手渡す。

③ クルーはバウに行きウィスカーポールの先端金具をジブシートへ通す。

④ クルーは引き続きウィスカーポールの根元をマストの金具へ取り付ける。

⑤ スキッパーはジブシートを引く。

⑥ クルーはコクピットへ戻ってジブシートを受け取りトリムする。

⑦ ワイルドジャイブを起こさないために、「バイザリー」とならないように常に風位に注意をはらってステアリングする。

バイザリー

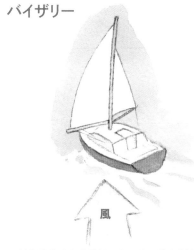

　風を真後ろから受けてセーリングする状態はランニングであるが、真後ろからさらに風下側へ風位を越えてセーリングする状態をバイザリーと言う。

　バイザリーでは、ブームが出ている風下側から風を受ける風位となる。通常のセーリングではメインセールのラフから風が流れるが、リーチからラフ方向へ流れるので、ワイルドジャイブ（突然のジャイブ）の危険にさらされる。ワイルドジャイブを起こすと、急速に回るブームで過大な力がリグにかかるのでグースネックが破損することがある。大きな衝撃によってマストが倒れることもある。セールが破れることもあるので、バイザリーは大きな危険をはらんでいると知っておかねばならない。

　バイザリーは、強風下や波が高い海況では行わない。変針するポイントが近いときなど、短時間のセーリングに使う。

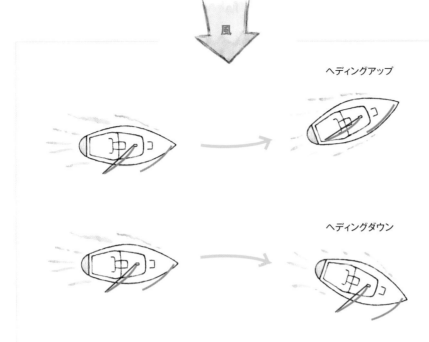

ヘディングアップ

ヘディングダウン

ヘディングアップと
ヘディングダウン

　ヘディングアップは「ラフさせる」ともいうが、艇を風上側へ向けてコースを変える動作をいう。コースが風上に向くにしたがって、風位がより前側へ変化することになる。

　スキッパーの「ヘディングアップ」の号令に従って、艇が風上へヘディング（進行方向）を変えるのに合わせて、風位に合わせながらジブシートとメインシートを引きトリムする。

　ヘディングダウンは「ベアさせる」ともいうが、艇のヘディングを風下側へ向けることである。風下へ変化する風位に対応してジブシートとメインシートを緩めながらトリムする。

ヨット上での号令

　次項ではタッキングやジャイビングの操船を学ぶ。

　スキッパーは操船しようとする自己の意思を、号令によってクルーへ伝える。何らかの行動が必要となったとき、スキッパーまたはヘルムスマンは、いきなりアクションを起こすのではなく、号令をかけることでクルーに意思を伝え準備をする時間を与えなくてはならない。

　突然ヘディングアップを開始してタッキングすればクルーは慌てるばかりである。慌てる状態はトラブルを招く。ジブシートをウインチに巻き付かせ、外れなくなることも起こる。突然のジャイビングでは、クルーにブームパンチの痛打を浴びせることにもなる。

　号令は操船の手順通りに行うので、号令を覚えることで技術が身につく。アクションに応じた号令と応答が定められているので、号令も技術の一つと受け止め練習を行おう。

　シングルハンドでのセーリング時にも、スキッパーとしての号令とクルーの応答を自分へかけることは手順の確認に役立つ。1人で練習して身につけることが上達につながる。

　次項では、号令に応じたスキッパーとクルーの具体的なアクションを詳しく解説する。

アクション	スキッパーの号令	クルーの応答
ヘディングアップ		
1	ヘディングアップ用意	
2		用意よし／待て
3	ヘディングアップ	
4		ジブトリム、よし
5	メイントリム、よし	
タッキング		
1	タッキング用意	
2		用意よし／待て
3	タッキング	
ジャイビング		
1	ジャイビング用意	
2		用意よし／待て
3	ジャイビング	
リーフィング		
1	リーフィング用意	
2		用意よし／待て
3	メインハリヤード降ろせ	
4		メインハリヤード降ろせ、よし
5	タックかけろ	
6		タックかけ、よし
7	ハリヤード揚げろ	
8		ハリヤード揚げ、よし
9	リーフライン引け	
10		リーフライン引け、よし
11	メインシートトリムしろ	
12		メインシートトリム、よし
13	リーフラインコイルアップしろ	
14		コイルアップ、よし
15	コクピットへ戻れ	

［13］ セーリングの練習2

風位に合わせたセーリング練習を行うとき、目標とする地点へ到達すれば、次は方向転換して出航した港へ戻らねばならない。方向転換をしなければならないときに必要となる技術が、タッキングとジャイビングである。前項で勉強したように、目標地点がセーリングでは到達できない風上側の風位にあるときは、クロースホールドでタッキングを繰り返して目的地へ向かう。

100時間セーリング練習に取り組んでいるときは、繰り返しタッキングとジャイビングの場面に遭遇する。シングルハンドであっても、2人で乗っているときでも号令をかけて練習することで手順が身につくので上達が早くなる。

タッキングのポイント

■ スキッパーはタッキングを行う前に、あらかじめ風上から45度（ヘディングからは90度）にある目当てを定め、タッキングの目標とする。すると目標を見ながらタッキングを行うことができるので、バウが回りすぎるのを防ぐことができる。

■ ウインチへシートを巻きつけるときは、必ず時計回りに巻く。風が弱く手でシートを引くときは2回巻きでよいが、ウインチハンドルを使うときは3回巻きにする。

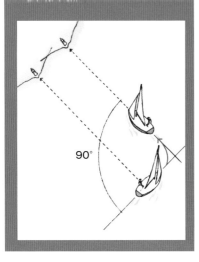

タッキングの手順

タッキングとは風上に向かって艇を回転させ、風を受ける舷が反対側に移るように方向転換を行うことである。確実にしかも素早くできることを目指して手順を覚えていこう。以下の手順はクロースホールドから反対側のタックへタッキングする手順を示す。

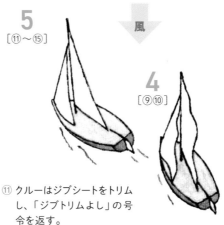

5 ［⑪〜⑮］

4 ［⑨⑩］

3 ［⑧］

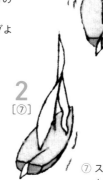

2 ［⑦］

1 ［①〜⑥］

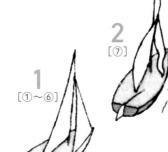

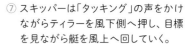

⑨ クルーは風下側のウインチに巻きつけたジブシートを素早く引き込む。

⑩ 風が強くジブシートを手で引き込めないときは、ウインチハンドルを装着してウインチを回しながら片手でジブシートを引き込む。

⑪ クルーはジブシートをトリムし、「ジブトリムよし」の号令を返す。

⑫ スキッパーは体の向きを変えて、風上側へ乗り移る。

⑬ スキッパーはメインセールのトリムをし、「メイントリムよし」の号令をかける。

⑭ 定めた目標へバウを向けてクロースホールドとなるのを確認して直進する。

⑮ スキッパーは「タッキングよし」の号令をかける。

⑧ クルーはバウが風上に立ちジブに裏風がはらんだのを見て、手で持った風下側のジブシートを放す。

⑦ スキッパーは「タッキング」の声をかけながらティラーを風下側へ押し、目標を見ながら艇を風上へ回していく。

① スキッパーはクルーに「タッキング用意」の号令をかける。
② スキッパーはタッキングの目当てとするため、バウから90度の風上側に目標を見つけておく。
③ クルーは風上側のジブシートをウインチへ2回巻きつける。
④ ウインチハンドルの置き場所を確認する。
⑤ クルーは風下側のジブシートをクリートから解いて手に持つ。
⑥ クルーは「用意よし」の号令を返す。

ジャイビングの手順

　タッキングが風上へ方向転換するのに対し、ジャイビングは風下へ方向転換する操船技術をいう。タッキングではブームが移動する角度は30度ほどであるが、ジャイビングでは160度近くになる。セールに風を受けたまま勢いよく反対舷へ返るブームに頭をぶつけないように、手順に沿った注意が必要である。

① スキッパーはブロードリーチの風位を保ったまま、「ジャイビング用意」の号令をかける。
② スキッパーはジャイビングの目当てとするため、バウから風下側90度にある目標を見つけておく。
③ クルーは風上側のジブシートをウインチへ2回巻きつける。
④ ウインチハンドルの置き場所を確認する。
⑤ クルーは風下側のジブシートをクリートから解いて手に持つ。
⑥ クルーは、「用意よし」の号令を返す。

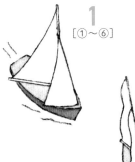

1
[①〜⑥]

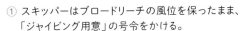

2
[⑦⑧]

⑦ スキッパーは「ジャイビング」の声をかけながらティラーをゆっくりと風上側へ引き、目標を見ながら艇を風下へ回していく。
⑧ クルーはランニングになってジブに裏風がはらんだのを見て、手で持った風上側のジブシートを放す。

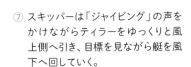

3
[⑨]

⑨ クルーは新たに風下側となるジブシートを素早く引き込む。

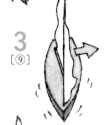

4
[⑩]

⑩ スキッパーはメインシートを素早く引き込み、メインセールを反対舷へ移し替えながらメインシートを緩める。

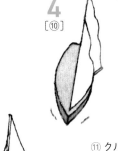

5
[⑪〜⑭]

⑪ クルーはジブシートをトリムし、「ジブトリムよし」の号令を返す。
⑫ スキッパーは風上側へ乗り移り、メインシートをトリムして「メイントリムよし」の号令を返す。
⑬ スキッパーは定めた目標へバウを向けてブロードリーチを保ち直進する。
⑭ スキッパーは「ジャイビングよし」の号令をかける。

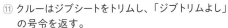

ジャイビングのポイント

■ スキッパーはジャイビングを行う前に、あらかじめバウから風下側90度にジャイビングの目標を定めておく。目標を見ながらジャイビングを行えば、バウが回りすぎ艇の回転に伴う遠心力によって艇が急激にヒールするのを防ぐことができる。

■ 強風下でジャイビングを行うときは危険が伴う。艇が波に乗って見かけの風速が弱まる瞬間にヘッドダウンしてジャイブすればブームやメインシートに急激な力がかかるのを防ぐことができる。

■ メインシートを引き込まずに強風時にジャイビングを行えば、リグやシートに過大な力がかかり、セールやブロック、グースネックを破損することがあるので手順を守らねばならない。

■ 微風時のジャイビングでは⑩の手順で、メインシートを引き込まずに手でメインシート全体をつかんで一気に反対舷へ返すことができる。しかし大きく動くメインシートやブームには、十分に注意しなければならない。

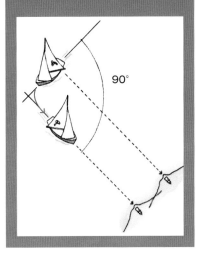

90°

船を止める
ヒーブツーの技術

ヒーブツーは、ジブに裏風を入れたままにして後進力を発生させ、ゆるめたメインセールからわずかに前進力を生み、小刻みに前後進を繰り返すことによって一時的に停止状態を保つ技術である。

両方のセールを揚げたままで停船できるので、ちょっと一息入れたいときや、入港の準備をしたいときなどに使える。アンカリングをしなくても停止状態を保つことができるので、帆船時代には行き合った帆船同士がヒーブツーを行って情報交換を行ったという。キャットリグ以外なら、すべての帆船でヒーブツーは可能である。

またヒーブツーの技術は、後に解説する落水者救助をセーリングで行う際にも必要となる大切な技術である。

タッキングをマスターすれば、一人でヒーブツーを操船できるのでぜひマスターしてほしい。

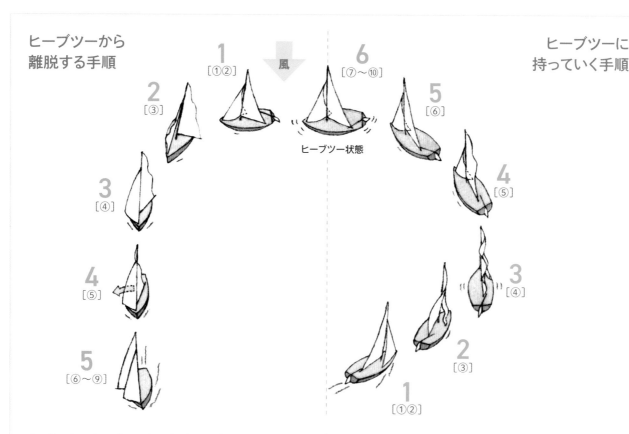

ヒーブツーから離脱する手順

1 ① スキッパーは「ヒーブツー離脱」の号令をかける。
② クルーはジブシートには触らず、クリートに掛けたままにしておく。

2 ③ スキッパーはゆっくりとティラーを風上側へ引き、ヘッドダウンを始める。

3 ④ スキッパーはメインシートをランニングの状態まで緩めカムクリートへ固定する。

4 ⑤ スキッパーは「ジャイビング開始」の号令をかけ、メインシートを素早く引き込みジャイビングを行う。

5 ⑥ クルーは新しい風位に合わせてジブシートをトリムする。
⑦ スキッパーは風位に合わせてメインシートをトリムする。
⑧ スキッパーは「ヒーブツー離脱よし」の号令をかける。
⑨ 目標物に向かってセーリングを続ける。

ヒーブツーに持っていく手順

1 ① フリーでセーリングしているときはクロースホールドにヘッドアップする。
② スキッパーは「ヒーブツー用意」の号令をかける。

2 ③ クルーはジブシートには触らず、クリートへ掛けたままにしておく。

3 ④ スキッパーは「ヒーブツー開始」の号令とともに、ゆっくりとタッキングを始める。

4 ⑤ ジブシートは③のままの状態にしておく。

5 ⑥ タッキングが終わり反対側のタックとなったときに、スキッパーはメインシートをブロードリーチの状態まで緩めカムクリートへ掛ける。

6 ⑦ スキッパーは艇の行き足が止まったのを見てティラーを風下いっぱいに切り、雑索でティラーを固定する。
⑧ 艇が前進と後進をゆっくりと繰り返し、ほぼ停止状態になっているかを確認する。
⑨ 艇が風下側へゆっくりと流れても障害物がないかを確認する。
⑩ スキッパーは「ヒーブツーよし」の号令をかける。

ヒーブツーのポイント

■ヒーブツーへ入るときはタッキングが終わってクロースホールドの風位になったときに、行き足を止めるため十分にメインシートを緩める。行き足が残っている状態でティラーを風下へ切れば再びタッキングしてヒーブツーが失敗に終わることがある。

■ヒーブツーは微風でも強風でも行える技術であるが、強風時には前進力が付きやすいので、ヒーブツーを保つためにはメインシートを十分に緩める。

■ヒーブツーから離脱するときは必ずジャイビングで行う。とっさに離脱しなければならなくなったときに、慌ててタッキング離脱を試みたりジブシートを緩めたりしては多大な時間を要することになる。

強風時であっても船を停止させることができるヒーブツーの技術を習得すれば、落水者の救助にも役立つ

セーリング 100時間練習

セーリングの100時間練習には、離着岸技術、風位を把握する方法、タッキングやジャイビングが盛り込まれている。これらの技術が一体となって、ヒーブツーにすべての要素が含まれている。

マリーナを出港すればエンジンを停止し、風位の変化と風速の変化を感じ取ることに意識を集中してセーリング練習を行おう。シングルハンドで行えば、さらに集中することができる。100時間練習を完了すれば、セーリングの面白さがなるほどと合点がいき一層興味が深まるに違いない。

技術は手順の習熟と知識の習得と共に向上する。ヨットの技術を上達させるには、他のスポーツと同様に近道はない。わき道にそれずに手順に従って学ぶことをお勧めする。100時間練習を達成していなければ、ヨット歴をいくら重ねても基本は身につかないといってよい。

セーリングに習熟し、経験を重ねたベテランと言われるヨット乗りはすでに数少な

くなった。ベテランヨット乗りは、誰もエンジンをかけたがらない。筆者の師匠と言える徳弘忠司さんや大藤浩一さんもそうであった。彼らは、1000時間セーリングを重ねた真のベテランと言えるヨット乗りである。

武道や芸能などの古典的な技芸を学ぶときは、「3年習うより3年探せ」と言われる。ヨットも古典的な技術の一つである。ヨットを学ぼうとするあなたがよき先生に出会い、ヨットによって人生が3倍豊かになることを願っている。

[14] セーリングの理論

ヨットは動力源である風をセールに流すことによって揚力を生みだし、推進力を得る。水面下のハルとキールとによって、セールで得た揚力を推進力へと変換する。推進力に対する抵抗が揚力とともに生じるので、揚力を高めると同時に抵抗を減らす技術が必要となる。

セーリングの歴史は4,600年以上前に遡ることができる。通称「太陽の船」と呼ばれるエジプトのクフ王の船が、1954年および1987年にギザの大ピラミッドの付近で発見されたからである。これらの2隻はともに帆船であるという。我々の祖先は、当時からセーリングの技術を

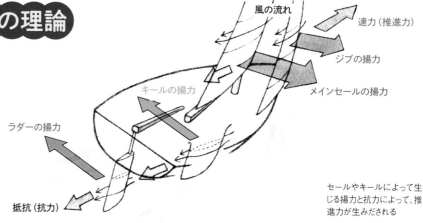

セールやキールによって生じる揚力と抗力によって、推進力が生みだされる

使いこなしていたと考えてもおかしくない。セーリングの技術向上は、常に揚力の増大と抵抗の減少との戦いである。その戦いの歴史は、近代以降のヨーロッパで多くの文献が刊行され蓄積されている。

ヨットの技術を学ぼうとするときは、試行錯誤をするだけでは遠回りするばかりである。セーリング技術を学び能力を向上させるには、これら先達の努力の蓄積を理解することが大切な第一歩となる。

[ヨットにおける抵抗の種類]

セーリングの技量を上げるためには、スピードを増大させる要素と、抵抗を減少させる要素の両面を考えねばならない。スピードを上げるために揚力を増やす方法は、次項で学ぶことになるので、ここではスピードを阻害する抵抗の原因について検討する。

ヨットが進むことによって起こる抵抗は、水線上の風圧抵抗と水線下の造波抵抗に分けることができる。船底と海水との間に摩擦抵抗が生じるが、造波抵抗の5%ほどなので、ここでは置いておく。

スキッパーはあらゆる抵抗の減少を考慮し、スピードの獲得に手を尽くすことが責務と言ってよい。レースをするのではないからといった甘えは海の上では許されない。アクシデントや嵐のときに、その実力が試されるのを忘れてはならない。

(1) 水線上の空気抵抗

ヨットが走るとき、水面上に露出するハル、ドッグハウス、スパー、リギン、クルーは全て風圧を受ける。ビームリーチより風上への風位でセーリングする時は、風圧は空気抵抗となってスピードに対する抵抗となる。スキッパーは、トランサムへつり下げたフェンダーやビミニトップにも注意を払わねばならない。

デッキ上のドッグハウスやドジャー、つり下げたフェンダーなども空気抵抗になる

(2) 水線下の造波抵抗

造波抵抗は、水面を進むヨットが波を引き起こすことによる抵抗である。造波抵抗を大きく左右するのは、ヨットそれぞれが持つ船型である。造波抵抗が少ないヨットは、ヒールする前にするすると加速を始める。リーショア（風下に岸がある状態）と戦っているときには、名人級のヘルムスマンでも、艇を失速させるときがある。舵効きを

失ったそのときでも、加速力に優れていれば、回避の可能性も高くなるのだ。

造波抵抗を減少させる船型は、ヨット設計家によって開発が進められている。日本では横山 晃による「サバニ船型」が優れているといえるだろう。造波抵抗は船の速度の2乗に比例して増すという。

スピードが増せば増すほど、造波抵抗は大きくなる

(3) 水線下の摩擦抵抗

摩擦抵抗は、船体周囲の水流と船体表面の摩擦による抵抗である。ヨットが低速で航走しているときは、抵抗の主体は摩擦抵抗であるが、速度が上がれば造波抵抗が主体となってくる。

船底にフジツボやカキが付着していると大きな抵抗となり、スピードは半減する場合もある。このようなヨットは低速時に舵効きが失われ、危険きわまりない。

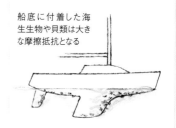

船底に付着した海生生物や貝類は大きな摩擦抵抗となる

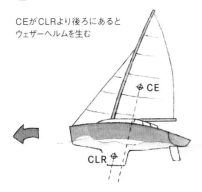

CEがCLRより後ろにあると
ウェザーヘルムを生む

CEがCLRより前にあると
リーヘルムを生む

（1）ウェザーヘルム

　ウェザーヘルムとは、常にティラーを風上へ切っておかねば、ヘッドアップ（ラフィング）してしまう性質のことである。激しいウェザーヘルムになれば、いくらティラーを切ってもヘッドアップしてコントロールがきかずにワイルドタックする場合もある。

　ウェザーヘルムの状態では直進するのに大きな腕力を必要とし、またラダーブレードによる抵抗も大きくなるので、スピードを低下させる。その主な原因はCEがCLRよりも後方に位置することによる。フォアフット（バウの水面下形状）が深い船型では、ヒールしたときにウェザーヘルムとなる傾向を持つ。

　ウェザーヘルムはリーヘルムより手に伝わり感じやすいので、わずかにウェザーヘルムとなるようにリグをチューニングすれば、最もステアリングが容易となる。

（2）リーヘルム

　リーヘルムとは、ウェザーヘルムとは反対に、常にティラーを風下へ切っておかねば、ヘッドダウン（ベアアウェイ）する性質のことである。クロースホールドでは切り上がる角度が鈍くなる。フリーでのセーリング時は、リーヘルムは思わぬヘッドダウンがワイルドジャイブにつながり危険を招く。その主な原因はCEがCLRよりも前方に位置することによる。

（3）CEとCLR

　「CE」とはセールの効果中心位置のことである。メインセールとジブのそれぞれの面積の重心をCEという。CEは作図することで簡単に求めることができる。ラフとフットおよびリーチの中間点からクリューとヘッドおよびタックへと線を引いた交点がCEとなる。求めたメインセールのCEとジブのCEとを直線で結び、それぞれのセール面積で案分した位置がトータルのCEである。

　「CLR」は水線下の抵抗の中心といってよい。水線下の側面積の中心であるから、CLRは次の方法によって簡単に求めることができる。まずキールとラダーを含めた水線下の側面積となる部分を厚紙へ写し取る。カタログなどの図面をコピーしてもよい。次に写し取った厚紙を切り抜く。切り抜いた部分を厚紙の下から針で突きバランスする位置を求める。バランスした位置がCLRとなる。

　下の図のようにCEとCLRを同縮尺で作図すれば、自艇のバランスを確認することができる。

マストレーキによるヘルムの調整

　CLRは進行方向に対して左右へ回転する中心と考えられるので、CEがCLRよりも後方にあるときはウェザーヘルムになる。反対にCEがCLRよりも前方にあるときはリーヘルムとなる。

　そこでウェザーヘルムが強すぎる場合は、後傾しているマストレーキを少なくすればよい。リーヘルムを弱めたいときはマストレーキを後傾すればよい。

　しかしヘルムに与える影響はCEとCLRだけではなく、それぞれの船型が持つ固有のくせによって修正が困難な場合もあることを知っておかねばならない。

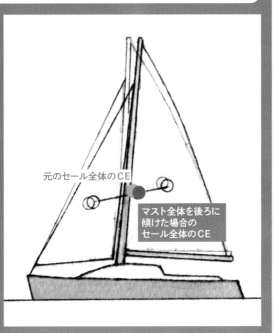

元のセール全体のCE

マスト全体を後ろに傾けた場合の
セール全体のCE

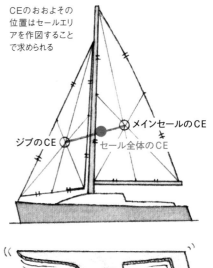

CEのおおよその位置はセールエリアを作図することで求められる

ジブのCE

メインセールのCE

セール全体のCE

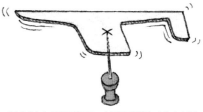

CLRのおおよその位置も、水面下形状をコピーした厚紙などを使って知ることができる

セールに強い風を受けてヒールしながら、波をかき分けて進むヨット

（1）ヒール

セールに風を流すと揚力を生み出すが、同時にヨットを横方向へ倒そうとする圧力になる。圧力は艇の復原力とのバランスを保つので、風速が上がるほど、またセールエリアが大きいほどヒールは激しくなる。

ヒールが激しくなるとウェザーヘルムが強くなり、ラダーによる抵抗の増加を招くので20度以上のヒール角となる場合には、メインセールをリーフするかジブを交換する必要が生じる。

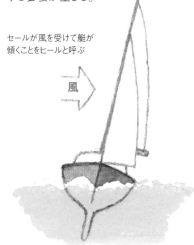

セールが風を受けて艇が
傾くことをヒールと呼ぶ

風

（2）ピッチング

ピッチングは、波浪によってバウが持ち上げられ、艇が縦揺れする上下運動をいう。クローズホールドでセーリングしているときは、バウが波に持ち上げられて海面へ突っ込みしぶきを上げる。激しいときはバウが大きく空中に突き上げられ、波にたたきつけられる。このようなときは大きな抵抗が生じ、スピードは極端に失われる。

ピッチングは、ヨットの重心から前後方向へ重量が分散するほど大きくなる。ピッチングモーメントを下げるために重量物は艇の中心部へ集中させ、アンカーなどの重量物をバウやスターンに格納してはならないのはそのためである。

またスターンの幅が狭く、予備浮力に乏しい船型では、やはりピッチングが大きくなる傾向がある。

大型船の事故では1969年1月5日に野島埼南東沖合で起こった〈ぼりばあ丸〉の沈没事故がいまだに語り継がれている。船首が折損して沈没し、船長ほか乗組員31名が死亡、2名が負傷した痛ましい事故である。折損の原因には船体構造の問題が取り上げられているが、ピッチングが直接の原因となったと考えられる。

艇が前後方向に
上下することをピッ
チングと呼ぶ

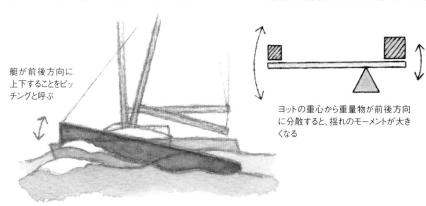

ヨットの重心から重量物が前後方向
に分散すると、揺れのモーメントが大き
くなる

54

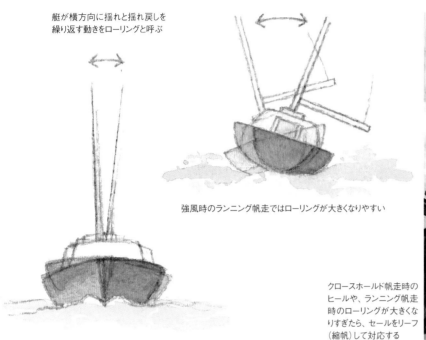

艇が横方向に揺れと揺れ戻しを
繰り返す動きをローリングと呼ぶ

強風時のランニング帆走ではローリングが大きくなりやすい

クロースホールド帆走時の
ヒールや、ランニング帆走
時のローリングが大きくな
りすぎたら、セールをリーフ
（縮帆）して対応する

(3) ローリング

　ローリングは、波によって振り子のように左右へ振れ動く横揺れ現象である。ピッチングはクロースホールドやクロースリーチでセーリングしているときに起こる。これに対しローリングは機走しているときやランニングのときに起こる。それはクロースホールドやビームリーチとは異なり、セールに受ける風圧によって片側へヒールさせられる力が働いていないからである。

　漁船や貨物船にセールを装備する試みがある。波にもてあそばれるローリングを少なくする効果が認められているからだ。釣り船ではスパンカーを揚げるとローリングが減少し船酔いが少なくなるという。遠洋漁船や貨物船では積み荷の傷みが少なくなるようだ。

　ランニングでセーリングしているときは、波にスターンを持ち上げられリーヘルムが生じるので、ワイルドジャイブを招きやすい。風

下側へ大きくヒールした場合は、急激なウェザーヘルムが生じてブローチングに陥る。ブローチングすると艇は急速にヘッドアップして激しくヒールする。セールはシバーし、コントロールを失ってしまうことになる。

　強風下で激しいローリングを防ぐには、ヘルムスマンの素早いステアリングが欠かせない。またセールのツイストが大きいと、横方向への圧力がかかるので、ローリングの原因となる。

ベルヌーイの定理

　セールの生みだす揚力が、ヨットの推進力の源泉である。揚力は空気がセールを流れることによって発生する。ちょうど飛行機が翼の揚力を借りて空中を飛行するのと同じ原理である。空気が翼となるセールの表裏両面を流れることによって揚力が生まれる。さらに水面下の翼であるキールによって、後方方向への抗力が減殺されるので、その結果前進力が生じるのである。

　揚力の原理は18世紀にベルヌーイによって解明され

たのでベルヌーイの定理という。しかしその技術はすでに4,600年以前から利用されてきたと考えられるのを忘れてはならない。セーリングを学ぼうとするあなたは、その継承者の一人となるのである。

　揚力をより多く生み出すためには、セールに風を受け止めるのではなく風を流さなければならない。そのためにセールをどのように調節し扱えばよいのか。その技術を次項で解説する。

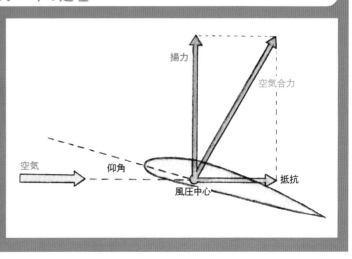

揚力

空気合力

空気　　仰角　　抵抗

風圧中心

[15] セールトリム

photo by Kazuhisa Mastumoto

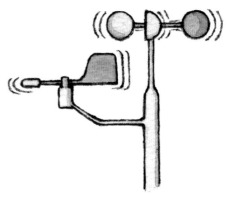

風向と風速は短時間で常に変化している。正しいセールトリムのためには、この変化に対応しなければならない

セールを正しくトリムして速く走ることは、クルージングにも大きく役立つ

　セールに揚力を生みだすためには、動力源である風をセールの両面に流すことが必要である。そのためにセールの角度を、風位に合わせて適切な角度となるように調節しなければならない。これをセールトリムという。セールトリムの巧拙（こうせつ）によって、ヨットの推進力に差が出るのであるから、なおざりにすることはできない。

　しかしながら風は一様に吹くのではない。数十秒の間にも風向と風速が入り混じって変化する。また、水面からの高さによっても風向風位は変化することが研究の結果、判明している。そのためにセールに風を流す適切な角度は常に変化する。これらの変化に対応するために、セールトリムにはトリム（セールの角度）だけではなくツイスト（ねじれ）と、ドラフト（カーブの深さ）の調節が含まれる。

　トリムが適切であってこそ、ツイストとドラフトの調節は効果を発揮する。そこでセーリング技術の上達を目指すのであれば、まずトリムに習熟することが練習の順序として正しい。セールを新しく作ってもスピードが向上しないときは、トリムが未熟であると受け止めねばならない。

　レースに参加するのではないから、そこまでセールトリムにこだわることはないとも聞く。しかし、微風でもすいすいと走れるセーリング技術を身に付ければ、エンジンを頼りにする必要が少なくなる。嵐を乗り越えるのも、セーリングで対処できる自信がつく。

　ヨットの醍醐味（だいごみ）は、セーリングの技術をいかに高めるかにあると言ってもよい。それは汲（く）めども尽きない生涯の楽しみとなろう。

オーバートリムとルーズトリム

　シートを引き込みすぎるとセールに風を受け止めることになり、風の流れが滞って揚力が減少する。この状態をオーバートリムという。オーバートリムの状態では風圧が上がりヒールが大きくなる。大きくなったヒールを、艇速が上がったのと勘違いしてはならない。

　反対にシートを緩めすぎるとセールに裏風が入り、同様にセールが失速した状態となって揚力が減少する。これはルーズトリムという。

　セールトリムは、裏風が入る直前の角度にトリムすることが大切である。この状態にメインシートとジブシートを調節することをジャストトリムという。ジャストトリムはセールの表裏両面に風がスムーズに流れ、最大の揚力を生みだしている状態である。ジャストトリムされたヨットがセーリングする姿は美しい。ヒールアングルが一定し、スピードも伸びる。遠くからであっても、セーリングする姿にスキッパーの技量がおのずと表れる。

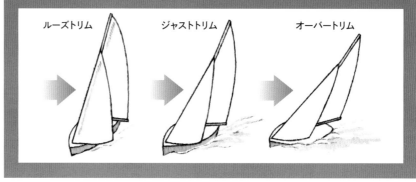

ルーズトリム　　　ジャストトリム　　　オーバートリム

［オーバートリムとルーズトリム］

ジブはランニングを除いてメインセールの風上にあるので、メインセールはジブを流れる風の影響下にある。したがってセールトリムはまずジブから始める。

クロースホールドの風位では、ジブシートとメインシートをほぼいっぱいとなるところまで締める。ジブはリーチとスプレッダーの先端との間が5cm程度となるところま

でジブシートをトリムする（25ft艇の場合）。続いてメインセールはラフに裏風がほぼ入らなくなるまでトリムする。

フリーのセーリングではクロースホールドとは反対に、シートを限度まで緩めることで推進力を得ることができる。しかしフリーのセーリングはクロースホールドとは異なり、ジャストトリムかどうかが分かりにくい。そこで常にジャストトリムとなるようにするには次の手順を繰り返す。

セールのトリムの基本は、ディンギーでもクルーザーでも同じ

① 現在のトリムからジブシートを少しずつ緩める。

② 緩めるにしたがって、ジブのラフに少しずつ裏風が入る状態を確認する。

③ 裏風が入らなくなるところまで、ジブシートを締める。

④ 次にメインシートを少しずつ緩めて裏風が入ることを確認する。

⑤ その後は裏風がほぼ入らなくなるまでメインシートを締めていく。

シートトリムのコツ

セールトリムの状態は、ラフに入る裏風で判別する。上達を早めるためには裏風が入るときのセールの振動、ヒールの変化、艇速の変化を体全体で感じ取る練習が大切である。ティラーを持つ手からはスピードとヘルムの変化が感じ取れる。

初めからテルテールでセールトリムを確認しようとすると、右往左往していつまでたっても上達しがたい。テルテールから目を離さない癖をつけると、夜間セーリングでは困ってしまう。セーリング中といえどもお茶を飲み、弁当を食べる時間も必要である。目を離していてもトリムの状態が判断できるように、体で感じ取る練習から始めることで上達が早くなる。上達すればテルテールを見て、さらにジャストトリムが可能となる。

セールに裏風が入って艇が振動したり、オーバーヒールが増したり、艇速が増すことを体で感じることができれば、セールトリムは大きく上達する

［セールのツイストの調節］

セールをジャストトリムしようとすると、困ったことに気づく。目印となるラフの上下に、一様に裏風が入らないからだ。ラフの中央にトリムを合わせると、上部はルーズトリムとなり先に裏風が入る。下部はオーバートリムとなり、シートを緩めても最後まで裏風が入らない。それはセールが上下でねじれた状態であることを示している。

セールがねじれた状態をツイストという。そこで、裏風がラフの上下に同時に入る状態にトリムするためにはツイスト量を調整する。ジブはメインセールの陰に入るので、裏風を見きわめるためにスキッパーは常に風上へ座らねばならない。

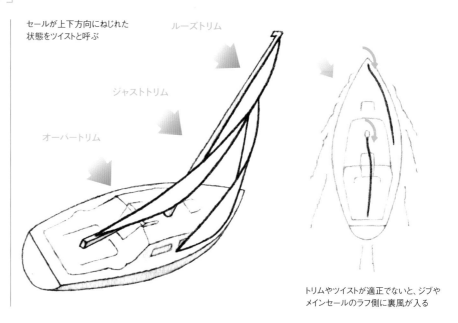

セールが上下方向にねじれた状態をツイストと呼ぶ

ルーズトリム

ジャストトリム

オーバートリム

トリムやツイストが適正でないと、ジブやメインセールのラフ側に裏風が入る

ジブのツイスト調節

① ラフの中央部がジャストトリムとなるようにジブシートをトリムする。

② 上部に裏風が入るならジブシートリーダーを前方へ移動する。

③ 下部に裏風が入るなら、ジブシートリーダーを後方へ移動する。

④ ジブシートを少し緩めて、裏風がラフの上下に一様に入るか確認する。

⑤ 裏風が入らないギリギリのところまでジブシートを締める。

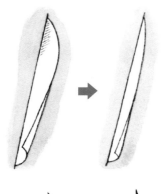

ジブリーダー後ろ：ツイスト大

ジブリーダー前：ツイスト小

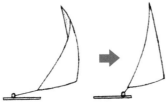

メインセールのツイスト調節

① ジャストトリムとなるようにメインシートをトリムする。

② 上部に裏風が入るなら、メインシートトラベラーを風下側へ移動する。

③ 下部に裏風が入るなら、メインシートトラベラーを風上側へ移動する。

④ セールの上部にやや裏風が入るようにメインシートをトリムする。

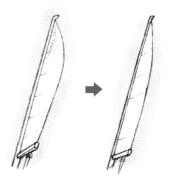

トラベラー風上側：上部ツイスト大

トラベラー風下側：上部ツイスト小

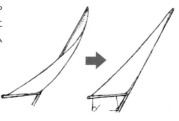

ツイストに関する知識

メインセールは上部に先に裏風が入るように、ややツイストさせておくようトリムする。セール上方の風位は常に風下側へ移動するからである。

強風時にはツイスト量を少なくし、微風時には大きくする。微風時にはセールの上方の風位がより風下側へ変化するからだ。

クロースリーチの風位まではメインシートトラベラーでツイスト量を調整し、さらに風下への風位によるセーリングではブームバングで調整する。

［セールのドラフト（深さ）調節］

セールのカーブ自体は、セールメーカーが艇の特性と使用状況に応じて、最適なカーブ（翼形）を決定して完成させる。そこでスキッパーとしてはカーブを変化させるのではなく、風速に適合するドラフトとなるようにセールの調整を行う。

強風下ではドラフトを浅くして、微風になるほど深くすることが原則である。

ジブのドラフトはハリヤードの締め具合の強弱でラフのテンションを変化させてドラフトを調節する。ハリヤードを締めるとラフにテンションがかかりドラフトは浅くなる。しかしラフに縦ジワが入るほど締めてはいけない。微風時にはハリヤードをやや緩めるが、緩めすぎるとラフに横ジワが入る。ハリヤードは時間がたつほど伸びてゆるみが生じることに注意を払う。

メインセールの場合はハリヤードに加えてアウトホールを引くことでドラフトを調整する。ハリヤードのテンションが調整できない場合は、タックのすぐ上側にあるカニンガムホールで調整する。

ドラフトを浅くするためには、ジブと同様にハリヤードを締めてラフにテンションを加える。さらにアウトホールを引き、フットにテンションをかければメインセールのドラ

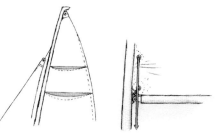

左：セールの深さをドラフトと呼び、風速に合わせてドラフトの深さ（浅さ）を調節する必要がある
右：カニンガムホールを締める（引く）ことでもドラフトに変化を与えることができる。小型艇では効果が大きい

フトは浅く保つことができる。ハリヤードへテンションをかけにくいときには、カニンガムホールを締めるとよい。ドラフトを深くする場合はその反対となる。

［セールの組み合わせ］

セールをジャストトリムし、ツイストを調整しても、風速が強まればヨットは大きくヒールする。20度を超えるような大きなオーバーヒールでは、ガンネルが波に洗われる状態となる。

オーバーヒールするとよく走っているように錯覚するが、ヒールが大きい状態では造波抵抗が増え、ウェザーヘルムも生じやすいのでスピードはむしろ減退する。

オーバーヒールは、風速に対して艇のセールエリアが大きすぎることで起こるから、セールエリアを減少させなければならない。セールの面積が1/2になれば風圧は1/4となると考えてよい。

そこで20度以上オーバーヒールするときは、まずジェノアからレギュラージブへ交換する。ファーリングジブの場合は、ファーリングラインを引き、5巻きほど巻き取って面積を減らす。もしくはメインセールをリーフ（縮帆）してセールエリアを減少させる。

スループリグでは、ジブとメインセールの両方のセールによってヘルムのバランスを保っている。どちらか片方のセールエリアだけを減らすのではなく、まずジブを縮小し、次にメインセールのリーフを行う。ヘルムのバランスを保つためには、下の図の組み合わせを代表例として考えればよい。クロースリーチよりも風下への風位では、クロースホールドに比較して一段階セールエリアを大きくすることができる。

風速40kt（風力9）以上では、ツーポイントリーフしたメイン、もしくはストームジブのどちらか1枚だけを使用する。風下に向かう場合は、ストームジブ1枚だけを揚げて、嵐を乗り切る。風上に向かう必要がある場合には最大限にリーフしたメインセールだけを使う

風速とセールの組み合わせ（25ftのスループリグのクロースホールド）

風速0〜10kt
フルメイン／ジェノア

風速11〜16kt
フルメイン／レギュラージブ

風速17〜27kt
メイン：ワンポイントリーフ／レギュラージブ

風速28〜40kt
メイン：ツーポイントリーフ／ストームジブ

情報交換から技術を学ぶ

これまでに解説したセールトリムの技術は、一日のセーリングを終えた夕方、漁港の片隅での酒盛りの場で学んだ。酒盛りはセーリング技術のディスカッションの機会であった。師匠であった徳弘忠司さんと大藤浩一さんは、惜しげもなく自分の知識を披露してくれた。自慢をするのではなく、自分の意見を述べてくれる場であった。そのアドバイスを、次のセーリングの時に試していったことで技術が身についたのである。

次号ではセール交換とリーフの手順について解説する予定である。

［16］ セールの交換とリーフ

セールは、動力源である風を揚力へ変換する推進機関である。揚力を高め推進力を増すためには、風位に合わせたセールトリムの技術が不可欠である。これまで学んできたのは、変化する風に合わせてセールの迎え角を調節するセールトリムについてであった。

しかし風は、風向だけではなく風力も変化する。風力が強くなったときは、セールを風力に応じた面積に縮小しなければならない。過大な風圧を受けるとヨットは大きくヒールする。大きくヒールするとウェザーヘルムが増大する。直進させるためにはラダーを大きく使わねばならない。するとラダーによって渦が生じるので抵抗となってスピードを阻害する。

またヒールが大きくなると快適さも失われるので、長時間のセーリングを楽しむためにはヒール角を15度以内に保つことが必要だ。

そのためにジブ交換とメインセールのリーフ手順を練習する。

ヒール時にウェザーヘルムに対して舵を切ると、ラダー後端から大きな渦が発生して抵抗となる

［ジブ交換の手順］

15度以上のヒール角になったとき、またはウェザーヘルムが過大となって、ステアリングでコースを維持することが困難となってきたときには、まずジブを交換する。ジブの面積がメインセールよりも小さいフラクショナルリグであっても、まずジブを小さくする。

さらに風が強くなることも考え、メインセールのリーフより危険な作業であるジブ交換を先行させておく。

① スキッパーは「ジブ交換用意」の号令を掛ける。

② クルーはスキッパーの指示に基づいてロッカーやキャビンから交換するジブを取り出す。

③ スキッパーはこれまでと同じコースを保ちセーリングを続ける。

④ クルーは、新しいジブをセールバッグに入れたままバウデッキまで持ち出す。

⑤ セールバッグが飛ばされないように、バッグに付属するフックをライフラインへ掛ける。

⑥ 現在使っているジブの下側のハンクスを一つ外す。

一番下側のハンクスだけ外す

⑦ 交換する新しいジブのラフ側をバッグから取り出し、元のジブの外したハンクスの間へ下側から順番にハンクスをすべて掛ける。

下側から順番に掛ける

⑧ クルーは「ジブ用意よし」の号令を掛ける。

⑨ スキッパーはハリヤードのロックを外し、緩める。

⑩ クルーはジブハリヤードが緩まるのに従い、ジブのラフをつかんで引き降ろす。

元のジブのラフをつかんで引き降ろす

⑪ ジブが海中に落下しないようスキッパーはジブシートを引く。

⑫ クルーはジブを引き降ろしたら、すぐにハリヤードを外して新しいジブのヘッドに付け替える。

⑬ 元のジブのタックを外し、新しいジブのタックをステムヘッド金具へ付け替える。

もともと揚げていたジブを降ろしたら、新しいジブのヘッド、タック、クリューに付け替える

⑭ スキッパーはジブシートを緩める。

⑮ クルーはジブシートを新しいジブへ付け替える。

⑯ 降ろした元のジブのハンクスをすべて外す。

⑰ 降ろしたジブをセールバッグへ詰め込む。

⑱ クルーは「ジブ揚げ用意よし」の号令を掛ける。

⑲ スキッパーはジブのシバーを制限するためにジブシートを少し引く。

⑳ スキッパーはハリヤードを一気に引き、ラフのテンションを適度にかけたのを確かめてハリヤードを止める。

㉑ クルーはジブが揚がり切ったのを確かめたら、セールバッグを持ってコクピットへ戻る。

㉒ クルーは直ちにジブシートをトリムする。

㉓ クルーはセールバッグをロッカーやキャビンへ格納する。

㉔ クルーはハリヤードとシートをコイルアップして整理する。

㉕ セーリングを続ける。

セール交換のポイント

以上に述べた手順は二人で作業を行う場合であるが、シングルハンドの場合も同様の手順でできる。しかしジブハリヤードをコクピットへリードしていると、バウとコクピットを行き来しなければならなくなる。それを防ぐためには、ハリヤードウインチはマストへ設置するほうが楽であるし危険性も少なくなる。シングルハンドならコクピットでハリヤードを操作できるようにするという考え方が適当であるかどうかは、熟慮しなければならない。

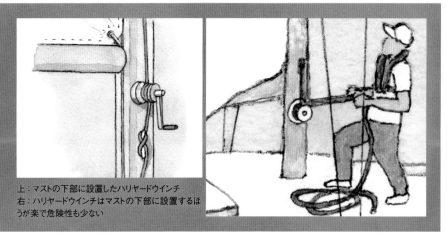

上：マストの下部に設置したハリヤードウインチ
右：ハリヤードウインチはマストの下部に設置するほうが楽で危険性も少ない

［ファーリングジブのリーフ手順］

ジブファーラーを装備すると、ジブ交換作業は半減するので私も愛用者の一人である。

ファーリングジブは、フォアステーに取り付けられたジブファーラーのグルーブ（溝）へラフを通してハリヤードで揚げられている。ファーリングジブの面積はジェノアのサイズとなっている場合が多い。そこで面積を縮小するためにはジブファーラーのドラムを回転させてセールを巻き取る。レギュラージブのサイズに巻き取るには、あらかじめフットの両側へ目印を付けておけばよい。

① コイルアップしたファーリングラインを解き、ロックを外す。

② セールの半分くらいから風を逃がすようにジブシートを緩める。

③ ファーリングラインを引き所定の目印までジブを巻き取る。

④ ファーリングラインをロックする。

⑤ ジブシートをトリムする。

⑥ ファーリングラインをコイルアップする。

⑦ セーリングを続ける。順番にハンクスをすべて掛ける。

ジブファーラーで巻き取った状態のファーリングジブ。青いUVクロスがセールを紫外線から保護する

ファーリングジブのリーフのポイント

（A）ファーリングジブのリーフ作業は、コクピットから一人で行える。しかし実際にリーフを行うと、リーチよりもフットのほうが多く巻き取られる。するとクリューの位置が前方に移動し、リーチの上方が大きくツイストして風が逃げてしまう。そのためにジブシートリーダーのリード位置を大きく前方へ移動しなければならなくなる。

ファーリングジブを半分ほど巻いて、ジブリーダーをそのままにすると、リーチがツイストして風が逃げてしまう

（B）ファーリングジブのリーチとフットにはUVクロスが縫い付けられてラフや中央部よりも厚くなっている。すると巻き取るにつれてセールカーブが袋状へと変形する。袋状のセールでは、ジブシートをいくら引いても裏風が入る状態となる。その結果、ビームリーチより風上のセーリングでは、風が流れないので揚力は大きく減少する。

ファーリングジブのリーチとフットにはUVクロスが縫い付けられている

Aの問題を改善するためには、ジブの形状をハイカットにしてリーチの長さを短くすれば、ジブシートのリード位置を一定にすることが可能である。Bの問題は、厚さが10mmくらいのラフフォームをラフに沿って縫い込んでもらえば改善される。しかしA、Bともにストームジブのサイズまでリーフすると、セールが袋状となる。外洋航海を考える場合は、ストームジブを別に装備しなければならない。

［メインセールのリーフ手順］

嵐の中でセーリングを続行するためにメインセールのリーフ作業の手順を覚えなければならない

　メインセールは、リーフ（縮帆）してセール面積を減少させるためのリーフポイントを装備している。外洋航海用のクルージング艇では、面積が約75%となる位置をワンポイントリーフとし、面積が約45%となる位置にツーポイントリーフ用のリーフポイントを設ける。リーフすると風圧が減ると同時にCE位置が下がるので、ヒールモーメントが減少してヒールが起きることになる。

　リーフするのではなく、ジブだけ、メインセールだけの状態でセーリングする場合もある。サバイバルセーリングの時には、ビームリーチより風下の風位ではストームジブだけで嵐から逃げ、風上へのセーリングではツーポイントリーフのメインセールだけでしのぐこともある。

　しかし、嵐の中でセーリングを続行するためには、リーフ作業の手順を覚えなければならない。以下の手順は二人の乗員でリーフ作業を行う場合である。

大しけでない強風時であれば、レギュラージブとワンポイントリーフで快適にセーリングを続けることができる

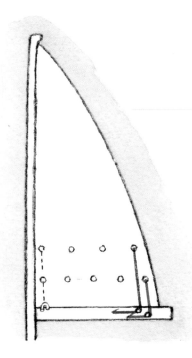

ワンポイント（下）とツーポイント（上）の
リーフポイントには、それぞれリーフライ
ンを通しておく

① スキッパーはクルーに「メイ
ンセールリーフ」の号令を掛
ける。

② スキッパーはそれまでの
コースを維持してセーリング
を続ける。

③ クルーはマストまで行く。

④ スキッパーはメインセール
が半分シバーするまで、メイ
ンシートを緩める。

⑤ クルーは「メイン用意よし」
の号令を掛ける。

⑥ スキッパーはメインハリヤー
ドのロックを外し、緩めてい
く。ハリヤードがコクピット
にリードされている艇の場
合は、スキッパーがメインハ
リヤードを受け持つ。

⑦ クルーはメインセールのラ
フをつかみ、リーフポイント
がグースネックより下になる
まで引き降ろす。

⑧ クルーはリーフポイントの
タックを、グースネックの
フック金具に掛ける。

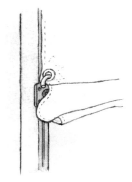

リーフポイントのタックをグースネックの
フック金具に掛ける

⑨ クルーは「タックよし」の号
令を掛ける。

⑩ スキッパーはウインチに2
回巻きつけたハリヤードを
引く。

⑪ クルーはメインセールのラフ
に十分テンションがかかって
いるのを確認してからリーフ
ラインを引く。

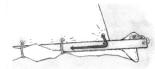

メインセールのラフに十分にテンション
がかかっているのか確認してリーフライ
ンを引く

⑫ クルーはクリューがブーム
に付くまでリーフラインを引
き、ロックし終えたら「リーフ
よし」の号令を掛ける。

⑬ スキッパーはメインシートを
引き、メインセールをトリム
する。

⑭ クルーはリーフラインをコイ
ルアップして整理した後、コク
ピットに戻る。

⑮ クルーはハリヤードをコイ
ルアップして整理する。

⑯ セーリングを続ける。

リーフ作業のポイント

（A）メインハリヤードとリーフラ
インをコクピットへリードした艇
も多い。多人数のクルーがい
て役割を分担できる場合は便
利である。しかしシングルハン
ドやクルーが少人数のときは、
ハリヤードとリーフラインをマス
トへ集中させたほうが使いや
すい。マストでリーフを行うクル
ー自身で、ハリヤードの上下
とリーフラインとのタイミング
を合わせることができるのでトラ
ブルも少なくて済む。

（B）ステアリングを行うスキッ
パーは、作業時のヒールを少な
くしようと考えて風をセールから
逃がすために艇を風上へ切り
上げてはいけない。艇のヒール
が変わり、ピッチングも変化す
るので、作業するクルーにはか
えって危険性が増す。

ショートハンドの場合は、ハ
リヤードウインチをマストへ
設置すると、コクピットとマス
トの間を往復しなくて済む

いざ風が強くなったときに慌て
ないために、何度も練習して身に
付けよう。ジブ交換やリーフ作業
は、風向がよければ艇を係留した
状態でも練習ができる。

「技詳しからざれば、肝大ならず」
は、宮本武蔵の『五輪書』に残さ
れた言葉だ。技を身に付けること
で慌てることも少なくなる。知識を
蓄え手順を覚えることで誰もが技
術を高め、安全にヨットを楽しむこ
とができるのだ。

次項では、これまで勉強した知
識を確認するために、復習テストと
解答を解説する予定である。

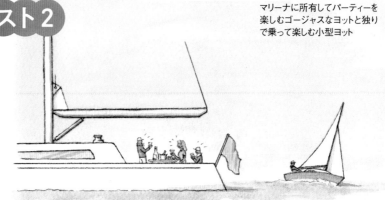

マリーナに所有してパーティーを
楽しむゴージャスなヨットと独り
で乗って楽しむ小型ヨット

　ヨットを始めようと思う動機は、人それぞれである。あこがれの乗り物であるラグジュアリーな大型ヨットを所有するという喜びや、別荘のように個人の隠れ家にしたいと思う場合もある。山小屋のように、キャンピングに近い生活にあこがれてヨットを始める場合もあるだろう。港からは出港せずに、係留したままでも所有欲は十分に満たせる魅力がヨットにはある。

　しかしどのような動機で始めるにしても、ヨットであるからには海に浮かび海上を移動することには変わりがない。ヨットはマリーナの周辺だけで楽しむこともできるが、やはりマリーナの周辺から湾内へ足を延ばすことになる。そして次には、あの島やあの岬が新たな目標となるだろう。沖縄や小笠原へ、日本一周も夢見るかもしれない。長距離航海を目指すほどに、セーリングの技術を高めることが必要となってくる。

　移動する距離が長くなるほどに、技術が必要となるのがヨットの面白さである。そして航海する距離に、ヨットの大きさは関係しないこともヨットの面白さといってよい。19ftのヨットで太平洋を横断した堀江謙一さんや、21ft艇で世界一周航海をした私の例もある。

　遠くへ旅をするには、時間に縛られない環境が必要だ。時は待っていても過ぎ去るばかりであるから、チャンスをつかむためには備えが必要だ。自分の技術を高めチャンスに備えておかないと、機会はただ過ぎ去ってしまうだろう。

　技術は手順と知識とで成り立つ。技術を身に付けるためには、年齢にかかわらず反復練習とテストが必要である。これまで外洋ヨットの基本技術を学んできた。その成果を試すために、また自分のレベルを確かめるためのレビューテストで自己評価が正確かどうかチャレンジしてみよう。

　解答欄へは○×または数字で記入する。テスト時間は30分、90%以上の正解はAレベルでスキッパー経験が10年以上のベテランの実力、80%以上はBレベルでスキッパー2年以上の実力、70%以上はCでビギナーレベルとなる。70%以下の時は、過去の内容をもう一度見直して実力を高めよう。

［風位とセーリングの種類］ ○×で記入する。

① (　　) 風位とはセーリング中のヨットに対する風の角度を表している。

② (　　) 風向とは東西南北を4等分した風が吹いてくる方角のことである。

③ (　　) セーリング中は常にマストヘッドの風見を注視してステアリングすればよい。

④ (　　) セーリング中は常にコンパスを見てステアリングすればよい。

⑤ (　　) 最も風上に近い風位でセーリングすることをクロースホールドという。

⑥ (　　) クロースホールドのセーリングを練習するには常にテルテールを見てステアリングすればよい。

⑦ (　　) 風を真横から受けてセーリングする風位のことをビームリーチという。

⑧ (　　) 風を斜め後ろから受けてセーリングする風位をランニングという。

⑨ (　　) ランニングでセーリングする時が最もスピードの出る風位である。

⑩ (　　) クロースリーチではワイルドジャイブに注意する必要がある。

⑪（　）シートやハリヤードをウインチのドラムへ巻きつける時は、常に時計回りに巻きつける。

⑫（　）風が弱いときにはシートにもハリヤードにもウインチハンドルを使わなくてもよい。

⑬（　）ウインチハンドルを使うときはシートをドラムへ5回巻きつける。

⑭（　）タッキングの時は号令をかける必要はない。

⑮（　）スキッパーはタッキング後のために風下側の90度となる目標を定めておく。

⑯（　）「タッキング用意」の号令がかかったら、クルーは風上側のウインチへジブシートを巻きつける。

⑰（　）クルーはバウが反対のタックへ向いた時に風下側のジブシートを引く。

⑱（　）ジャイビングはタッキングに比べて危険性が少なく容易である。

⑲（　）スキッパーはジャイビングの前にバウから風下側へ90°となる目標を定めておく。

⑳（　）クルーはメインセールのジャイビングが終わってからジブを反対の舷へ入れ替えればよい。

㉑（　）ヘディングアップの号令がかかったら、クルーはジブシートを緩める準備をする。

㉒（　）ヘディングダウンの号令がかかったら、クルーはメインシートを緩める準備をする。

[ヨットの各部名称など] 該当する番号を図から選び記入する。

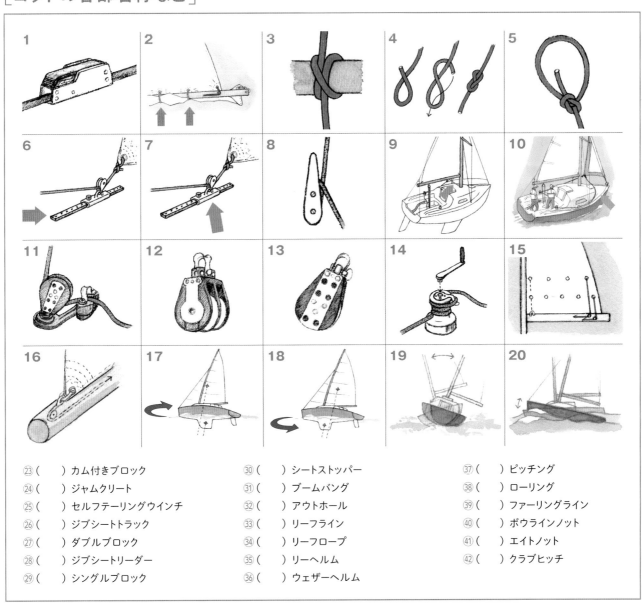

㉓（　）カム付きブロック
㉔（　）ジャムクリート
㉕（　）セルフテーリングウインチ
㉖（　）ジブシートトラック
㉗（　）ダブルブロック
㉘（　）ジブシートリーダー
㉙（　）シングルブロック

㉚（　）シートストッパー
㉛（　）ブームバング
㉜（　）アウトホール
㉝（　）リーフライン
㉞（　）リーフロープ
㉟（　）リーヘルム
㊱（　）ウェザーヘルム

㊲（　）ピッチング
㊳（　）ローリング
㊴（　）ファーリングライン
㊵（　）ボウラインノット
㊶（　）エイトノット
㊷（　）クラブヒッチ

［セーリングの理論］

㊸〜㊺、㊼〜㊻ ○×で記入する。
㊻該当する番号を図から選び記入する。

㊸（　）ヨットは動力源となる風を
セールに流すことで推進
力となる揚力を生みだす。

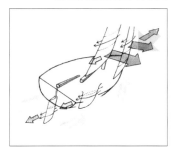

㊹（　）クルージングを楽しむだ
けなのでセーリングの技
術は上達しなくても困ら
ない。

㊺（　）クルージングではスピード
を出さなくても良いので
船底にフジツボやカキが
付着しても影響はない。

㊻（　）図示したセールの組み合
わせで、リーヘルムとなる
のはどちらか。番号を記
入せよ。

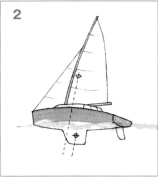

㊼（　）CEがCLRよりも前方にあ
るときはウェザーヘルムと
なる。

㊽（　）マストを後方へレーキさ
せるとウェザーヘルムが
軽くなる。

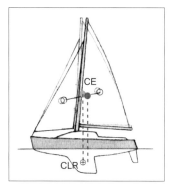

㊾（　）ヒールが大きくなるほど
セールに風を受けるので
スピードが出る。

㊿（　）ウェザーヘルムが大きく
なるとラダーを大きく切る
ので抵抗が増す。

51（　）クロースホールドでは
ピッチングが大きくなるの
でスピードが出る。

52（　）この図はピッチングか。

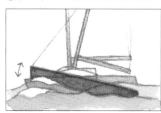

53（　）この図はローリングか。

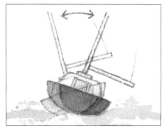

54（　）アンカーなどの重量物は
なるべくバウの先端付近
に集中して格納する。

55（　）ローリングはランニング
でセーリングしているとき
に起こりやすい。

56（　）ランニングでローリング
するとワイルドジャイブの
危険性が増す。

［セールトリム］

57、59〜64 ○×で記入する。
58該当する番号を図から選び記入する。

57（　）セールに風を流すよりは十分に受け止める
方が揚力はより多く発生する。

58（　）ルーズトリムの状態を図から判別して番号
を記入せよ。

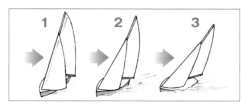

59（　）オーバートリムにしたほうがヒールは大きく
なりセーリングスピードは速くなる。

60（　）セールトリムは面積の大きいメインセール
から行うようにすればよい。

61（　）ジブのトリムを練習するときは常にテルテー
ルを見て習熟すればよい。

62（　）セールに全く裏風が入らないようにセールト
リムをすることが基本である。

63（　）メインセールのツイストはメインシートの出
し入れによって調整する。

64（　）ジブのツイストはジブシートリーダーを前後
に移動することで調整する。

［セール交換とリーフィング］

○×で記入する。

65（　）風が強くなればメインセールのリーフより先
に、まずジブを交換するかファーリングして
小さくする。

66（　）ジブ交換の目安はヒール角度が30度を超
えた時である。

67（　）ジブはどの風位からでも揚げることができる。

68（　）ジブ交換の作業中はヒール角を少なくする
ためにスキッパーはヘッドアップして風を逃
がすとよい。

69（　）揚がっているジブを全て降ろしてから新た
に交換するジブをフォアステーに取り付ける。

70（　）フォアステーにジブを取り付けたらハリヤー
ドを直ちに引いてその後にジブシートを結ぶ。

71（　）「メインセールリーフ用意」の号令がかかっ
たら、クルーは直ちにマスト下へ移動する。

72（　）クルーは先にリーフロープを引いてからハリ
ヤードを緩める。

73（　）ハリヤードが緩んだのを確認してからメイン
セールのタックを引き下ろしてグースネック
の金具へ掛ける。

解答と解説

［風位とセーリングの種類］

① （○）　セーリングしているヨットに対する相対的な風向を風位という。

② （○）　風向は風が吹いてくる方角であり、東西南北を4等分した16方位で表す。

③ （×）　風見だけではなくセールのラフやティラーの手ごたえ、ヒールなどを総合的に知ることが上達の近道。

④ （×）　コンパスだけを見ているとステアリングが遅れ蛇行するので、バウ方向の目標物を定めてステアリングの目当てとする。

⑤ （○）　クローズホールドは風上へいっぱいに切りあがってセーリングする状態をいう。

⑥ （×）　テルテールを見ていると反応が遅れるのでジブのラフに入る裏風を観察してステアリング練習をする。

⑦ （○）　ビームリーチまたはアビームという。

⑧ （×）　ブロードリーチまたはクォーターリーという。

⑨ （×）　セーリングで最もスピードが出るのはランニングではなくビームリーチである。

⑩ （×）　ワイルドジャイブの危険性が生じるのはランニングである。

［方向転換］

⑪ （○）　ウインチのドラムには常に時計回りに巻きつける。

⑫ （×）　シートは素手で引くことができるが、ハリヤードはラフにテンションをかけるためにウインチハンドルを使う。

⑬ （×）　ドラムへは3回巻きにしてウインチハンドルを使う。

⑭ （×）　たとえシングルハンドの場合であっても号令をかけることで手順が自覚できる。

⑮ （×）　風上側90度の目標を見ながらタッキングすると回りすぎない。

⑯ （○）　上達すれば不意のタッキングに備えて常に風上側のウインチヘジブシートを巻きつけておく。

⑰ （○）　風上を越えたらすぐに風下側のジブシートを一気に引き込む。

⑱ （×）　ジャイビングはブームが一気に反対舷へ返るので微風時を除いて危険を伴う。

⑲ （○）　タッキング時と同様にあらかじめジャイビング後の目標を定めておくと回り過ぎを防ぐことができる。

⑳ （○）　ジャイビングが終わってからジブシートを引く。

㉑ （×）　ジブシートを引く準備をする。

㉒ （○）　クルーはジブシートを緩める準備をする。メインシートの操作はスキッパーが受け持つ。

［ヨットの各部名称など］

㉓ （11）　㉘ （7）　㉝ （15）　㊳ （19）
㉔ （8）　㉙ （13）　㉞ （2）　㊴ （10）
㉕ （14）　㉚ （1）　㉟ （17）　㊵ （5）
㉖ （6）　㉛ （9）　㊱ （18）　㊶ （4）
㉗ （12）　㉜ （16）　㊲ （20）　㊷ （3）

［セーリングの理論］

㊸ （○）　セールに風を受け止めるのではなく流すことで揚力が生じる。

㊹ （×）　クルージングであっても強風やエンジントラブルに自力で対処するためにはセーリングの技術が必要となる。

㊺ （×）　フジツボやカキが船底に付きスピードが落ち舵効きも悪くなるので操船に悪影響が出る。

㊻ （2）

㊼ （×）　リーヘルムとなる。

㊽ （×）　ウェザーヘルムが増加する。

㊾ （×）　ヒールが大きくなるとウェザーヘルムが増加してラダーの抵抗が増えるのでスピードは減る。

㊿ （○）　ラダーを大きく切るので大きな抵抗が生じる。

51 （×）　ピッチングが大きくなるとバウが波をたたきスピードが減少する。

52 （○）

53 （○）

54 （×）　重量物はなるべくCLRの近くに置くことでピッチングモーメントを減少させる。

55 （○）　ランニングではスターンが追い波に乗せられてローリングを引き起こす。

56 （○）　ローリングすると風位が変化してワイルドジャイブの危険が生じる。

［セールトリム］

57 （×）　セールに風を流すことで揚力が生じる。

58 （1）　1はルーズトリム、2はジャストトリム、3はオーバートリム。

59 （×）　オーバートリムの状態ではヒールは大きくなるが風の流れが滞るので揚力の発生が少なくスピードは減少する。

60 （×）　メインセールはジブの風下にある場合が多く、ジブに流れる風の影響を受けるのでトリムはジブから行う。

61 （×）　テルテールよりもラフのほうが反応は早いので、ラフの裏風を観察してステアリングする練習が大切。

62 （×）　ラフに裏風が入るか入らないかの状態を保つことがセールトリムの基本である。

63 （×）　メインセールのツイスト量の調整はブームバングまたはメインシートトラベラーで行う。

64 （○）　ジブの上側に裏風が入るときはジブシートリーダーを前方へ移動する。

［セール交換とリーフィング］

65 （○）　まずジブをリーフィングする。さらに風が強くなればメインセールをリーフィングする。

66 （×）　ヒールが20度を超えたらジブ交換またはリーフィングをする。

67 （○）　メインセールと違ってジブはどの風位からでも揚げることができる。

68 （×）　スキッパーは作業中にヒールやピッチングなどの動きを変えないよう同じ風位を保ってステアリングする。

69 （×）　ジブの一番下のハンクスを外して、そこへ交換するジブのハンクスをセットする。

70 （×）　ハリヤードを引いてジブを揚げる前にジブシートを付け直したかを確認する。

71 （×）　コクピットからマストへ移動するときはまずジャックラインヘセーフティラインを装着する。

72 （×）　リーフロープを引くのはハリヤードを揚げ終わってから行う。

73 （○）　まずハリヤードを緩め次にリーフポイントのタックをグースネック金具へ掛ける。

宮本武蔵の「技詳しからざれば、肝大ならず」の言葉にあるように、技術の向上と共に自信を身につけよう

18　ヨットの安全確保とその技術 1

ヨットのセーリングは、自然の中で楽しむ爽快なスポーツだ。しかし常に状況が変化する海上で行うスポーツである。そこで緊急事態をあらかじめ想定しておけば、さらに思う存分に楽しむことができるだろう。自力で対処ができないときには、118番へ電話をすれば海上保安庁へ救助を要請することができる。また、日本の沿岸部の多くの海域では、BANが救助曳航サービスを提供している。緊急事態に自力で対処ができないとき、これらの公共サービスが利用できることは心強いことだ。

しかし不測の事態が起きれば、すぐに118番すればよいと考えているだけでは間に合わない場合がある。海面にクルーが落水した、あるいはエンジンが突然停止して強風で風下側の消波ブロックに流される。これらの事故は生命が失われた悲しい実例であるが、自力で対処しなければならない事態があることを示している。事故は遠く離れた外洋で起きるだけではない。港のすぐそばで起こっている。

体調が悪くなれば救急車を呼ぶのとは異なり、ヨットは自ら行う自発的なスポーツである。したがってある程度は自力で対処できる技術を身につけておきたい。

「技詳しからざれば、肝大ならず。」生涯不敗といわれる宮本武蔵の言葉である。

海上では真剣勝負ともいえる場面に遭遇することがある。危険性に目をつぶり、備えを怠ることは荒々しい自然の力が支配する海上では通用しない。どのような危険性がセーリングスポーツには潜むのかを具体的にとらえ、それらに対応する技術を考えていこう。危険な状況に対応する技術を身に着けることで安全に楽しくヨットに乗れる。

落水、衝突、座礁などの危険な状況に対応する技術を体系的に解説する。

落水事故と対処

落水は死亡事故に直結する最も恐ろしい事故であるから、何としてでも避けなければならない。クルージング中でもレース中でも、外洋でも湾内でも起きている。落水事故はビギナーだけではなくベテランにも起きている。

ライフジャケットを常時着用すること、そして夜間と荒天時にはセーフティーラインを着用することを怠ってはならない。落水事故が起きると本人だけではなく、事故を目の当たりにした乗組員全体がパニックとなる。クルーを救助しようと艇から自ら飛び込み行方不明となったスキッパーもいる。セーリング中のヨットの行き足を止められず落水者を溺死させたスキッパーもいる。

スキッパーは、あらかじめ落水者を救助する技術をマスターしておくことで、パニックを軽減することが可能となる。実は私もクルーを落水させた一人である。沖縄から屋久島へ向かってセーリングしていた時、嵐の中で大波を受けステアリングをしていた友人が落水した。幸い救助ができたが他人事には思えない。

落水者側の行動

① 落水者は決して泳いではならない。

　水泳の達者な人でも着衣のままでは泳力は6割に低下するという。岸にたどり着くまでに力が尽きてしまう。
　我が国の水泳教育は競泳志向であり、安全確保のための着衣泳を訓練できる機会は少ない。その結果、人口当たり英国の5倍となる1,400人が毎年溺死している。

② 着衣も靴も脱がない。

　夏季でも体温が急速に低下するので、運動能力が失われることを防ぐ。

③ 投下されたダンブイ（救命ブイ）などをつかまえ、静かに浮きながら体温を保持するためにHELPポジション（Heat Escape Lessening Position）を保って救助を待つ。

HELPポジションの保ち方

1人の時のHELPポジションは胎位（ラッコ浮き）の姿勢をとる

波の高い時には平泳ぎの手だけの動きで溺れ防止姿勢をとり、波に乗る

複数の時のHELPポジションは抱き合って体温低下を防ぐ

投下されたダンブイ（救命ブイ）などをつかまえてHELPポジションを保つ

救助する側の行動

① 落水者がセーフティーラインを装着して艇と繋がっていた場合は、間髪を入れずにヒーブツーを行い停船する。

　事故例の分析によると、艇に引きずられた落水者は1、2分のうちに呼吸困難により溺死する。青木ヨットスクールのインストラクター研修会で行った実証実験では、あらかじめ想定したのにもかかわらず、落水者は危なく溺れるところであった。

② セーリングで落水者を救助する。

　機走中の落水事故以外は、必ずセーリングで救助することを知ってほしい。
　セールを降ろしエンジンをかけようとする2、3分の間に、スキッパーは落水者を見失ってしまう。一度見失えば再び発見することはまず無理である。
　ベテランでもセーリングによる救助法を知らない場合はエンジンに頼ろうとする。エンジンをかけて走り出した途端に流れ出たロープをプロペラに巻き付かせてしまう。操船できなくなったヨットは波で暴れ回り新たな落水を誘発する。悪循環に陥りかねない。

③ 落水者の風上側に停止して救助する。

　ヨットは落水者よりも風を受けるので、停止すればすぐに風下側へ流れ出して落水者から離れていくので、必ず落水者の風上へ停止しなければならない。そうするとヨットは風下側にいる落水者に近づいていく。風下になった舷側は低くなるので落水者をデッキ上へ引き揚げやすくなる。

セーリングによる救助法

風

機走中の落水事故以外は必ずセーリングで救助に向かい、風上から救助を行う

落水者の行動と姿勢のポイント

①泳いではならない。　　②着衣、靴を脱いではならない。　　③静かに姿勢を保って浮き、救助を待つ。

［低体温症と対応］

落水者はライフジャケットを着用していれば、すぐに溺れることはないが体温を急速に失っていく。そこで救助の機会を増やすために、落水者は水中でHELPポジションを取り救助を待つ。

しかしそれでも低体温症に陥るのに時間はかからない。せっかく救助に成功したのであるから、低体温症への正しい処置を行いたい。医療機関へ直ちに搬送するべき症状であっても、救助を待つ間にできる限りの対応を行うことがスキッパーとして大切な務めである。

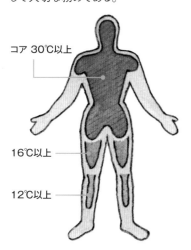

コア 30℃以上

16℃以上

12℃以上

（1）水温と体温の流出時間（USコーストガード）

水温	意識不明に至る時間	予想生存時間
0℃	15分以内	5 〜 45分
0〜5℃	15 〜 30分	30 〜 90分
5〜10℃	30 〜 60分	1 〜 3時間
10〜15℃	1 〜 2時間	1 〜 6時間
15〜20℃	2 〜 7時間	2 〜 40時間
20〜25℃	2 〜 12時間	3時間〜不明
25℃以上	不明	不明

意識不明になれば、ライフジャケットを着用していても溺れる可能性が高くなる。

（2）低体温症のコア体温別症状

軽度	〜35℃	寒気。皮膚感覚のマヒ。手の動きが鈍くなる。震えが始まる。
中度1	〜34℃	筋力の低下。筋肉の協調運動の障害。軽度の錯乱。無関心状態。
中度2	〜30℃	震えが止まる。体が硬直し歩行や起立が困難となる。思考の統一性が失われ錯乱状態に陥る。
重度1	〜28℃	半昏睡状態。瞳孔が拡大し心拍脈拍が微弱となる。
重度2	〜26℃	昏睡状態。心停止。
重度3	〜16℃	救命し得た成人の偶発性低体温症の最低体温。

症状を分類することで、低体温症の進行度合いを測り適切な処置につなげることができる。慌てずに指針に従って症状を判定する。

（3）低体温症へのとるべき処置

救出した落水者の手足は氷のように冷たくなっている。なにも思わずにマッサージをしたくなるかも知れない。すると冷たくなった手足の血液が暖かく保たれている内臓の血液に混ざり、心臓はショックを受けて心室細動を引き起こし急死につながることになる。末梢部の血管は低温状態の血流を体の内部へ送らせないために収縮している。マッサージすれば、せっかくの防御を壊すことになる。運よく救助されても、「低体温症」が医師や救助隊によく知られていないために善意の処置がかえって悲惨な結果となっている。それは「レスキューデス」と呼ばれている。

① 落水者をキャビン内へ静かに運び入れ、バースへ上向きに寝かせる。

② 濡れた着衣や靴を静かに脱がせる。濡れた体を拭くが、マッサージは決して行ってはならない。

③ 毛布や寝袋をかぶせてこれ以上の体温低下を防ぐ。

④ 意識のあるときは温かいものを飲ませる。

⑤ 意識のないときは首筋や手足の付け根部分を

加温して、一刻も早く医療機関へ運ぶ。

⑥ 心拍がなければ心臓マッサージを行う。重度の低体温症では心拍数が1分間に2〜3回のこともあるので、1分間くらいは頸動脈を触れて脈を確認する。心臓マッサージを止めていいのは心臓が動き出したときだけである。それ以外では医療機関へ引き渡したときか、救助者自身に危険が迫ったとき、極度に疲労困憊したときである。3時間以上も心肺蘇生法を続けて後遺症もなく回復した人もいるので、絶対にあきらめてはいけない。小児では特に回復の可能性が高い。

（4）低体温症の怖さ

① 安静にしても大量のエネルギーを消費する。

② 早い時期から判断力が落ちる。

③ 震えが起こらなくなると加速度的に悪化する。

④ 単なる疲労との区別が困難。

⑤ 低体温症の知識が普及していない。よく知られている医学書にも間違った対処法が書かれている。

［ヨットの安全装備］

安全装備にはライフジャケットやセーフティーライン、シーナイフなどの個人装備があるが、これとは別に艇に備えておかねばならない安全装備がある。法定安全備品を備えておくのは無論であるが、ヨットのオーナーとしては安全確保に一歩踏み込んで装備を整えたい。

外洋ヨットレースに参加する場合は、参加資格を満たすために追加の安全装備が求められるが、クルージングであっても安全確保は必要である。クルージングは単独で行動する事を考えると安全装備の必要性はレース以上に高い。順番に、落水を防止するための装備と落水に対応するための装備を解説する。

（1）落水防止の装備

① ジャックライン

ジャックラインは、艇のバウからスターンまでの両側のデッキへ張り渡すベルトである。デッキ上を移動する時にセーフティーラインを移し替えなくてもよい。マストやバウで作業を行うときには、コクピットを出る前にセーフティーラインの金具をジャックラインに取り付ける。2t以上の破断強度を持つベルトが必要である。ワイヤーやロープでは足を滑らすことになりかねないので使わない。

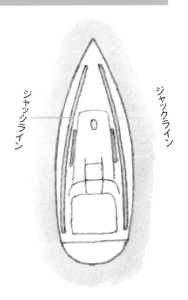

② ハーネスホルダー

コクピットに居るときは、セーフティーラインをジャックラインではなくハーネスホルダーに取り付ける。タッキンクした時に付け替えなくてすむ。従ってコクピットの中心線上に取り付けなければならない。ハーネスホルダーのロッド部分の直径は8mm以上の太さが必要である。

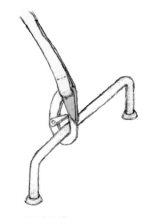

ハーネスホルダー

③ ライフライン

ライフラインはバウとスターンのパルピット間へ張り渡したワイヤーのことを言う。デッキを移動する時の手すりとなる。ワイヤーは保護のために白色のビニールでコーティングされている。パルピットの間はスタンションで支えられている。スタンションのピッチは、滑り落ちるのを防ぐために1.8m以下と定められている。スタンションを支えるソケットはデッキへ貫通ボルトで固定しなければならない。

④ パルピット

バウとスターンのそれぞれに設置した落水防止用の手すりのことである。十分な強度と共に軽量であることが求められるために22mm以上のステンレスパイプを使用する。

ライフライン

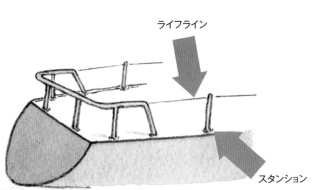

スタンション

パルピット

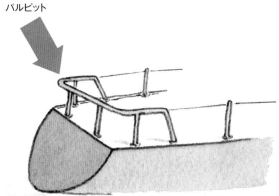

（2）救助用装備

① ダンブイ

落水者に投下する目印のブイである。ライフリングだけでは落水者は波の陰に入れば見えなくなる。ダンブイは水面から1.8m以上の高さを持ち、ポールの上部には目立つ旗を備えている。下部にはポールを直立させるためのおもりを備えている。

② ライフリング

法定備品の救命浮環はダンブイへ1mほどのロープで結んでおく。法定備品ではないが馬蹄形をしたライフリングが市販されている。落水者がダンブイへたどり着いた時に、体をブイの中へ入れて浮力を確保しやすい構造となっている。ライフリングには水面に浮くロープが30mほど付属しているので、落水者がつかめば引き寄せることができる。

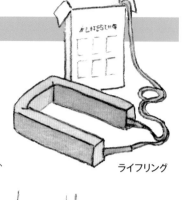

ライフリング

ダンブイとライフリング

ライフリングにはロープが30mほど付属している。落水者がつかめば引き寄せることができる

救助用テークルを使えば、1人でも落水者を引き上げることができる

③ 救助用テークル

落水者は意識がある状態でも衣服に多量の水を含み重くなっている。自力で舷側からデッキへ登ることはとてもできない。海中からデッキへ引っ張り上げることは、大人2人の腕力でも困難である。そんなとき落水者とハリヤードとを結び、滑車の力を使って1人でも引き上げることを可能にするのが救助用テークルである（右上イラスト）。ハリヤードはスプレッダーよりも上に上げて固定するので、テークルのロープは、40m以上の長さが必要である。

④ トランサムラダー

トランサムへ取り付けたはしごのことを言う。トランサムラダーは水面へ降りるときだけではなく、落水者を艇へ引き上げるときにも役立つ。濡れて重くなった落水者は、たとえ意識があっても舷側からは引き揚げることは困難だ。そんなときは落水者をトランサムへ移動させ、トランサムラダーを使って回収する。

トランサムラダー

⑤ VHF無線機または携帯電話

VHF無線機は無線免許と開局の手続きが必要である。緊急時には16チャンネルを使って「メイデイ、メイデイ」と呼びかけ救助要請をする。16チャンネルをワッチすることが義務付けられている船舶が多いので、輻輳する海域では直接に救助を依頼することが可能になる。携帯電話からは「118」番で海上保安庁に救助を要請できる。

VHF無線機

［法定安全備品］

　法定安全備品は小型船舶に対して搭載が義務付けられている備品のことである。航行区域によって内容は変わるが、ここでは一般的な「限定沿海区域」に対応する法定安全備品について解説する。

① 係船設備

■係船ロープ2本
■アンカー1個
■アンカーチェーン又はアンカーロープ1本

② 救命設備

■小型船舶用膨張式救命いかだ
　（総トン数5トン以上で航行区域5海里超の艇に必要）
■救命胴衣
　（定員と同数、救命胴衣の保管場所及び着方の表示が必要）
■小型船舶用救命浮環1個
■小型船舶用信号紅炎（2個入り）1セット

ライフジャケット

③ 消防設備

■小型船舶用消火器1個

④ 排水設備

■バケツまたは、あかくみ1個

⑤ 航海用具

■汽笛及び号鐘　各1個
■音響信号器具1個
　（笛でも良い、汽笛を備え付けているものは不要）
■マスト灯1個
■舷灯（両色灯）1対（1個）
■船尾灯1個
■停泊灯1個
■紅灯2個
　（以上5点、夜間航行が禁止されている艇は省略可能）
■黒色球形形象物3個
■黒色円すい形象物1個
　（無動力帆船には不要）
■航海用レーダー反射器1個
　（夜間航行が禁止されている艇は不要、平成6年11月3日までに建造または建造に着手された艇は不要）

ホイッスル

⑥ 一般備品

■ドライバー1組
■レンチ1組（モンキーレンチ1個でも可）
■プライヤー1個
■プラグレンチ1個（ガソリンエンジンに限る）

⑦ 最大搭載人員の表示

ここに記載した以外にも省略規定があるので、詳しくは日本小型船舶検査機構に問い合わせること。

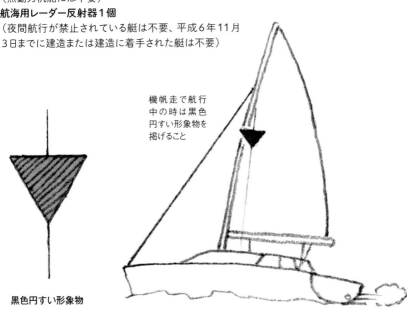

機帆走で航行中の時は黒色円すい形象物を掲げること

黒色円すい形象物

　ヨットの安全確保のためには法定安全備品だけではなく、さらに踏み込んだ装備を整えて安心してヨットを楽しめるようにしたい。また落水事故に対してどのように救助を行えばよいのか、その技術をさらに学んでいきたい。
　「備えあれば憂いなし」。古から伝わる言葉であるが、外部の援助が期待しがたい海上では一層の備えが必要であると言えよう。

落水者をデッキ上に引き揚げるのは想像以上に困難で、腕力だけでは難しい。救助専用のテークルを準備しておき、使っていないハリヤードに繋いで使用する

［19］ ヨットの安全確保とその技術2

GPSやレーダーなどの航海計器の高性能化のほか、艇体や艤装の進歩によって、堀江謙一氏が太平洋を横断した1962年と比べると、ヨットは随分と安全に楽しむことができるようになった。すでに冒険航海の時代は遠くに過ぎ去ったと言えるだろう。新素材のウエアも、乗員の疲労軽減に大きく貢献している。

しかし時代が変わろうとも、セーリングそのものに危険性が潜んでいることには変わりはない。「板子一枚下は地獄」といわれるように、船乗りに語り継がれてきた言葉は、状況が激変する海の恐ろしさを言い表している。

そして船を操るのは人間であるから、平常心を失うとパニックとなりミスをする。ヨットを動かすのが人間である限り、ヨットのセーリングにリスクがつきまとうことは容易に想像ができる。自分は無理をしないから大丈夫と思っていれば、リスクに備えることもおろそかとなる。どのようなリスクがあるのか理解し、対処するための装備と技術を習得することで備えができる。備えが進むほどに自信が湧き、いざという時にもミスが少なくなる。

ヨットのスキッパーを目指すのであれば、非常事態に対処するために装備を整え、自分自身とクルーを訓練しておくことが責務であろう。「備えあれば憂いなし」ととらえることがスキッパーには求められる。

落水は人身事故へ直結する究極のリスクと言うことができる。落水に対応する装備については、前項で解説したので、ここでは落水者救助法の特色を比較し、その上でセーリングによる救助法の習熟のために、さらに詳しく手順を解説する。

［落水者救助法の比較］

落水者をヨットに救助するための操船法には3種類がある。2018年11月に青木ヨットスクールのインストラクター14人が参加して行った「第3回落水者救助法研修会」では8の字救助法とクイックストップ法の2種類の救助法に絞って検証した。その結果クイックストップ法に比べて、8の字救助法が明らかに実際的であることが判明した。

スキッパーとしてマスターするべき目標に、まず8の字救助法を挙げるのは、実証実験の結果から得た以下の考察に基づいている。落水者救助法の実験結果を比較してみよう。

(1) クイックストップ法

特色	救助ブイとつながったロープを使用し、落水者の周囲を周回することでからめとり、確保する救助法。
落水者が救助ブイのロープをつかむまでに要した平均時間	3分07秒
落水者を舷側へ確保するまでに要した合計平均時間	6分28秒

(2) 8の字救助法

特色	ヒーブ・ツーで落水者の風上へ停止し、落水者を舷側へ確保する救助法。
落水者を舷側へ確保するまでに要した合計平均時間	1分47秒

救助法についての考察

■ 8の字救助法はより短時間で舷側に落水者を確保できる。

■ 救助ブイを使うクイックストップ法では、ロープをつかむために落水者に意識があることが前提となるが、いったん救助ブイのロープをつかんでも離してしまう恐れもある。

■ 8の字救助法はタッキングすることで救助態勢に入るのでシングルハンドでも操船が比較的容易である。

■ クイックストップ法は操船の過程にジャイビングが必要なので強風時には危険が伴う。

セーフティラインをつけていても、強風下で艇を止めることができなければ、乗組員は引きずられてしまう。近年、このような状況での死亡事故が報告されている（P.121参照）

［クイックストップ法の手順］

クイックストップ法は、落水後に短時間で停船させようとする技術であり、クロースホールドからビームリーチの風位では、いったんジャイビングして落水者へ接近する。風下へセーリングしているときなら、ヘッドアップして風上へ上り、その後落水者の風下からヒーブ・ツー・タッキングを行って落水者の風上側に停船する。しかし多くの場合、この手法の停船位置は落水者まで距離があるため、ライフリングを引いて落水者の周囲を回る。8の字救助法に習熟した後にクイックストップ法を練習すれば効果的に習得ができるだろう。

ランニングに近い角度で帆走中に落水者が出た場合の航跡

風

クロースホールドやビームリーチ（アビーム）で落水者が出た場合の航跡

風

① 「落水！」と大声で叫び、全員へ知らせる。

② クロースホールドからビームリーチでセーリングしているときは、「タッキング用意！」と声を掛け、直ちにヘッドアップしてタッキングする。

③ ライフリングを投下する。

④ 落水者の風下側を回るために「ジャイビング用意！」の声を掛ける。

⑤ ライフリングが落水者に届かないときは、ジャイビングとタッキングを繰り返して、落水者の周囲を回る。

⑥ 落水者がレスキュー用スリング、またはそのロープをつかんだことを確認したら、落水者の風上でヒーブ・ツーを行って停船する。

⑦ ライフリングを落水者の胸に装着させる。

⑧ 艇の舷側まで落水者を引き寄せ、救助する。

［8の字救助法の手順］

操船の容易さ、風位の適合範囲、確保に要する時間のいずれをとっても8の字救助法が優れていた。そこでスキッパーの練習課題として、まず第一に取り上げたい。

8の字救助法は、落水者の風上側に艇を近接させて、ぴたりと停船させるための操船技術である。クロースホールドからランニングまでの全風位に適応し、落水者が意識を失っていても有効な救助法である。8の字救助法の優れた点はシングルハンドで操船できることである。以下の手順は一人でも練習が可能である。ダンブイの代わりにフェンダーを2個つなぎ、落水者に見立ててもよい。風位と風速が異なる条件を選んで10回練習してみよう。

① 「落水!!」と大声で叫び、全員へ知らせる。ダンブイを投下する。なければフェンダーやライフジャケットなどの、手近にある浮く物を投げる。

② クルーがいるときは、見失わないように腕を伸ばして落水者の方位を指し示させながら、次々と時計方位で伝えさせる。

③ 落水者に手を振り、助けに向かうことを知らせる。

④ クロースホールドで走っていた場合は、セールトリムはそのままにして直ちにヘッドダウンして加速する。ビームリーチで走っているときは、次の⑤を実行する。ブロードリーチやランニングのときはヘッドアップし、風上に対して落水者と同じ高さまで上る。

⑤ ヘルムスマンは「ヒーブ・ツー・タッキング用意!」と声をかけ、行き足をつけてタッキングを行う。

⑥ タックが変わってもジブシートは入れ替えずに、ジブに裏風を入れたまま、落水者の風下側を目指してヘッドダウンする。

⑦ メインシートを緩め、落水者へ向かう。

⑧ 落水者を視認したら、風下からヘッドアップし、落水者の風上側でヒーブ・ツーをして停船する。

⑨ ボートフックで落水者を引き寄せた後、ライフリングまたは手近なロープで落水者を確保する。

⑩ 自力で艇に上がれない状態であれば、救助用テークルを取り出し、テークルの上側ブロックをハリヤードでスプレッダーの高さまで引き揚げる。（P.74のイラスト参照）

⑪ 落水者を艇の上へ引き揚げ、意識不明の時は救急蘇生処置を施し、救助機関へ救助を要請する。

クロースホールドで落水者が出た場合の航跡

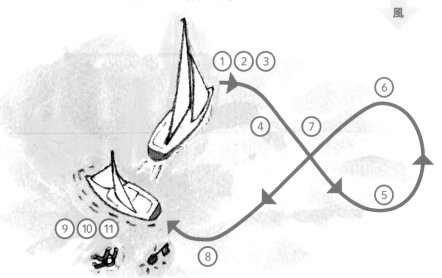

ビームリーチ（アビーム）で落水者が出た場合の航跡

8の字救助法の操船ステップには、ヘディングダウン、ヘディングアップ、タッキング、ヒーブ・ツーといったセーリングの要素が数多く含まれている。セーリング技術の習熟には最適なテーマと言ってよい。

［命綱をつけていても落水は起きる］

夜間や荒天時には、命綱（セーフティライン、テザーとも言う）を着用することが常識となりつつあることはうれしいことである。しかしセーフティラインをつけた状態で落水し、不幸な結果となった事故例もあるので、原因を追求するために実証実験の課題の一つに挙げることにする。

長さの考察

セーフティラインの長さは国際基準では6ftに定められている。船体中心線に設置したハーネスホルダーにセーフティラインのフックを掛けていれば、コクピット周辺から落水しても上半身は空中に確保が可能である。しかし、デッキ作業のときには、6ftのシングルラインに加えて、ジャックラインに取り付けるための3ftとのダブルラインにするべきではないかとの提言が出ている。そこで実証実験では6ftと3ftの長さを検証した。

デッキサイドに張ったジャックラインにつないだ場合、6ftのセーフティラインでは落水を防ぐことができない。

ただし、3ftの長さで、なおかつジャックラインをきつく張った場合には、落水者の身体は上半身が水面上に保持された状態になる。とはいえ、ほぼ全体重がセーフティラインにかかった宙吊り状態になることが判明した。

コクピットでは、セーフティラインをジャックラインではなくハーネスホルダーに取り付けるとよい。タッキングしても付け替えないですむ

着用したまま落水したときの考察

実証実験ではセーフティラインをつけた状態で落水して艇に引きずられたときに、落水者はどのような状況になるのかを艇速別に検証した。

セーフティラインがつながった状態で落水が起こった場合に艇を止めることができなければ、低速であっても引きずられた落水者は窒息してしまうだろう

艇速1kt

水流で身体が流され、自分で姿勢を制御することもセーフティラインをたぐり寄せることもできなくなる。なんとか仰向けになっても、膨らんだライフジャケットに当たった水が跳ね返って顔面を覆い、パニック状態になる。

艇速2kt

うつ伏せでも仰向けでも顔面に水流が強く当たり、呼吸困難となる。

艇速3.5kt

強い水流が顔面を完全に覆い、呼吸が全くできない状態となる。落水者は20秒足らずで実験の継続を断念し、自らセーフティラインをリリースした。

以上のことから、セーフティラインをつけたまま落水した場合、低速といえどもフネが走っている状態では、落水者は短時間のうちに極めて危険な状態となるということがわかる。

「艇上の人間は一刻も早く落水者を引き上げたいと思うが、落水者の欲求は呼吸が第一。ラインをリリースしてでも呼吸ができる状態を望んでいる。それが命をつなぐ第一条件だと感じるからだと思います」「ラインを装着したまま落水して艇に引きずられる苦しさは、想像をはるかに超えるものでした」。これらは実験に加わったインストラクターの感想である。

今回の実験では、落水者が呼吸困難になることを予測して、あらかじめセーフティラインをリリースするロープを手に持っていたため自分でリリースすることができた。しかし現実の落水事故を想定すると、強い水流の中で胸元のスナップシャックルを外すリリースラインを探すことは難しい。なおかつライフジャケットが膨らんでいるため、リリースラインを探すことは、さらに困難となる。

引きずられたときには携帯しているシーナイフで切断するという選択肢もあるが、強い水流のなかでナイフを探し出して、さらにラインを切断するという行為は、自分でリリースラインを引くこと以上に困難であることが予測される。

以上の実証実験からは、水面まで落水する危険性を減らすためには、6ftと3ftのダブルラインを備えたセーフティラインが望ましいとの結論を得た。

2013年、回航中のヨットが落水事故を起こした。落水者はセーフティラインを装着していたのだが、セーフティラインが長すぎたため艇外に放り出された。そのままヨットが走り続けたために落水者は水面を引きずられ、艇上のメンバーも落水者を引き揚げることができず、そのまま溺死に至るという痛ましい事故が起きた。落水者が海上から発した最後の声は「切れ！」だったという。

落水者がセーフティラインで艇とつながっている場合は、直ちにヒーブ・ツーを行い、停船して行き足を止めなければならない。頭ではわかっていても「平常心」を保つのは難しい。パニックが起きる状況に備えて8の字救助法の練習をお勧めする。

「来たらざるを恃まず、待つ（備え）あるを恃むべし。」孫子の一句であるが、ヨット設計家、故横山 晃先生の座右の銘であった。

6ftと3ftの2種類の長さをもつダブルセーフティラインも販売されており、有効性が高い

広い海上であっても他船と行き会うことはよくある。船舶が航行する海上には、道路上の決められた車線を走行する自動車とは異なり、車線も信号機もない。大型船も漁船も自分が決めた航路を、おのおのの判断によって通航している。

近づいてくる他船を避けるために変針するべきなのか、それとも直進するべきなのか。スキッパーはどのようにして判断を行えばよいのだろうか。海上では視界が良くても距離感はつかみにくい。夜間はなおさらである。

AIS（船舶自動識別装置）やレーダーの画像で他船の姿は表示されるが、相手船の状態を判断して自艇の動向を決めるのはスキッパーの任務である。スキッパーの判断いかんによって自艇の運命が左右されかねない。判断に重い責任が伴うとき、誰しも不安と迷いが胸に去来する。

大型船はルールに従ってセーリング中のヨットを避けてくれるのだろうか……。漁船はどうだろうか……。高速艇だったらどうだろうか……。相手船が近づくにつれて不安が増幅する。不安は冷静さを失わせ、判断を鈍らせるのである。

冷静さを保つ力を付けるためには、ゆるぎない知識を身に付け、海上に出る機会を捉えて判断の練習を行えばよい。東京湾や大阪湾は絶好の訓練場所である。

大阪湾を航行する全長約170mの自動車運搬船。スキッパーは行き交う他船の状態を判断し、自艇の動向を決める必要がある

photo by Kyosuke Tomoda(Kazi)

［衝突回避の手順（昼間）］

大型船や漁船が見えたら、慌てて自艇のコースを変えて避けようとするばかりでは練習は進まない。判断力を鍛えるためには、次の手順に従って相手船の動向を見極める訓練を反復することが大切である。

（1）相手船と自艇とが衝突の危険性があるかどうかの判断をする。

① 自艇のコースは変えずに直進を続ける。

② 自艇のスタンションなどの延長線上に相手船を見て、見通し線を設定する。

③ 見通し線から相手船が前方へ移動していく場合は、近づくように見えるが前方を横切ると判断する。

④ 見通し線から相手船が後方へ移動してずれていく場合は、近づくように見えるが後方を横切ると判断する。

⑤ 見通し線から相手船が移動せずに近づくように見えるときは、自艇と交差するので衝突の危険性があると判断する。

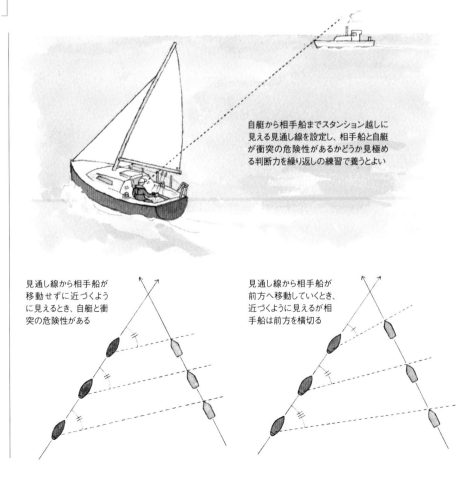

自艇から相手船までスタンション越しに見える見通し線を設定し、相手船と自艇が衝突の危険性があるかどうか見極める判断力を繰り返しの練習で養うとよい

見通し線から相手船が移動せずに近づくように見えるとき、自艇と衝突の危険性がある

見通し線から相手船が前方へ移動していくとき、近づくように見えるが相手船は前方を横切る

（2）自艇が保持船か避航船なのかを判断する。

⑥ 相手船が動力船なのか、漁労中の漁船なのか、曳航中なのかなどの船種と航行状態を判別する。

⑦ 自艇が保持船か避航船なのかを判断する。

⑧ 自艇が避けるべきならば、どのようにコースを変えるかを考える。

⑨ 相手船が避けるべきならば、どのようにコースを変えるだろうかを考える。

相手が動力船なのか、帆走中なのかなどの航行状態によって、自艇が保持船か避航船なのかを判断する

（3）自艇が避航船の場合は ルールに則って変針する。

⑩ 自艇が避けるべきなら、相手船に避航したことをわからせるために大きく変針する。

⑪ 相手船が避けるべきならば、保持船として直進しながら相手船の動向を注意深く観察する。

⑫ 相手船が変針しなければ、短音5回以上の音響信号を発する。

⑬ 危険が迫れば単音1回の音響信号を発し、右転して衝突を避ける。

［衝突回避の手順（夜間）］

衝突を回避するための手順と航法は昼間と変わらないが、夜間は相手船の航海灯を識別して船種と大きさ、および航行状態を判別しなければならない。 航海灯には多くの種類があるので、識別法は小型船舶操縦士の教本などの文献から、該当ページをコピーして防水処理をしたうえで艇に備え付けておけば便利である。

ここでは相手船の進行方向を判別して、自艇との行き会い関係を把握するために航海灯を識別する3原則を解説する。

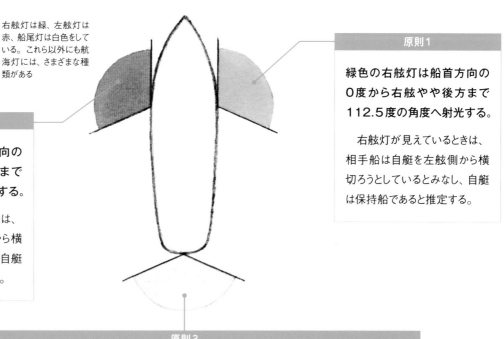

右舷灯は緑、左舷灯は赤、船尾灯は白色をしている。これら以外にも航海灯には、さまざまな種類がある

原則1

緑色の右舷灯は船首方向の0度から右舷やや後方まで112.5度の角度へ射光する。

右舷灯が見えているときは、相手船は自艇を左舷側から横切ろうとしているとみなし、自艇は保持船であると推定する。

原則2

赤色の左舷灯は船首方向の0度から左舷やや後方まで112.5度の角度へ射光する。

左舷灯が見えているときは、相手船は自艇を右舷側から横切ろうとしているとみなし、自艇は避航船であると推定する。

原則3

白色の船尾灯は船尾方向から左右に67.5度ずつ、合わせて135度の角度へ射光する。

相手船の船尾灯だけが見えて近づいているときは、自艇が追い越すとみなし、自艇が避航船であると推定する。

相手船の船尾灯が遠ざかろうとしているときは、追い越した状態であるとみなし、自艇は保持船であると推定する。

［衝突回避航法の優先順位4原則］

衝突を回避するための航法には4原則が規定されているが、それぞれに優先順位があることを知っておかねばならない。

優先順位 ## 追い越し船

追い越し船は被追い越し船を避ける。追い越し船は被追い越し船が十分に遠ざかるまでその船舶の進路を避けなければならない。

優先順位 ## 帆船

動力で航行している船はセーリングしている帆船を避ける。しかし航行中の帆船（漁ろうに従事している船舶を除く）は、運転不自由船、操縦性能制限船、および漁ろうに従事している船舶の進路を避けなければならない。

優先順位 ## 横切り船

お互いに動力船の場合は、相手船を右舷に見る船が避ける。避航船は、やむを得ない場合を除き、当該他の動力船の船首方向を横切ってはならない。

優先順位 ## 行き会い船

お互いに動力船で相手が正面に見える場合は、双方ともに右転して避ける。行き会いの状況にあるかどうかを確かめることができない場合は、行き会い状態であると判断しなければならない。

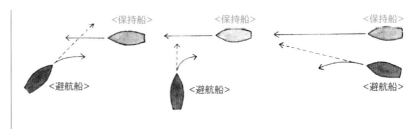

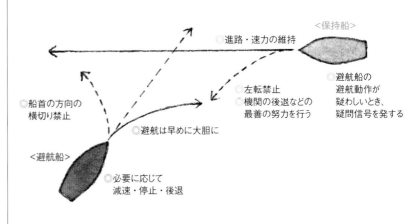

それぞれ右転して航過

行き会い状況で勝手な方向に転舵するのは危険を招く

［セーリング中の衝突回避］

お互いにセーリング中の帆船の場合は、以下の優先順位が規定されている。レース中であるか、クルージング中であるかは問われない。

優先順位

追い越し艇が被追い越し艇を避ける。
被追い越し艇は、追い越し艇の進路を妨げないようにする。

優先順位

ポートタック艇（左舷から風を受けている状態の艇）はスターボードタック艇を避ける。

優先順位

風上艇は風下に位置する艇を避ける。風下艇とは、風上艇のトランサムの延長線よりも風下艇のバウが前方にあり、相手艇よりも風下に位置する場合である。

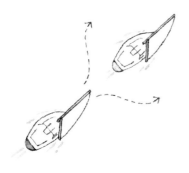

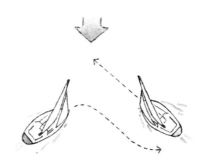

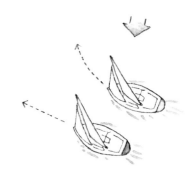

［衝突回避航法の優先順位の変更］

　これまでに解説した衝突回避のルールは、相手船の船種や大きさや航行状態に応じて、どちらの船が避航するべきかの優先順位が海上衝突予防法によって規定されている。しかし、特定された港内や狭水道などの海域では、一般海域に適用される海上衝突予防法に対して、港内に適用される港則法と狭水道に適用される海上交通安全法施行規則の規定が優先される。規定が適用されるそれぞれの海域と、そこで規定される航法と信号法をスキッパーとしては理解しておかねばならない。

　インターネットで検索すれば、条項を容易に調べることができるが、ヨットに関連する項目を例として以下に挙げる。

港則法および港則法施行規則

■ 帆船は、特定港の航路内を縫航してはならない。

■ 帆船は、港内では、帆を減じ又は引船を用いて航行しなければならない。

■ 汽艇等は、港内では汽艇等以外の船舶の進路を妨げてはならない。

海上交通安全法

■ 航路外から航路に入り、または航路から航路外に出ようとする船舶は航路内を航行している船舶の進路を避けなければならない。

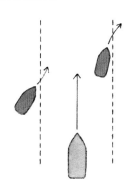

■ 航路を横断する船舶は、当該航路に対しできる限り直角に近い角度で、すみやかに横断しなければならない。

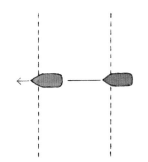

■ 航路内で他船と行き会うときは、右側を航行しなければならない。

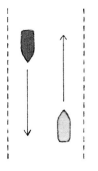

［衝突防止の判断力を養う］

　判断力を養うために衝突回避航法のルールを詳しく解説したが、規定を最後まで守ろうとすればかえって危険な状態を招く恐れがある。

　なぜなら大型船にとって、ブリッジからはバウの視界が制限されるので小型船は死角に入って見えない場合がある。漁船は操業の準備や後片付けのため、周囲を常に見張っているとは限らない。小型貨物船では、ブリッジに人が見当たらない場合もある。人数を最小限にしてオートパイロットで航行しているのであろう。

　このような現実を考えると、ヨットのスキッパーとしては、危険防止を第一の優先課題として判断を下すことが理にかなう。タグボートのベテラン船長が述懐していた言葉を思い出す。「我々の航海速力は5ktです。曳航している船があるので転針することは容易ではありません。そこで、横切り状態のときは、常に相手船の船尾へと細かく変針して航行するのです（右図）」

　ゆるぎない知識と的確な判断技術を基に、自分の身を守る判断力を培おう。

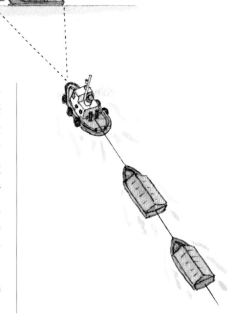

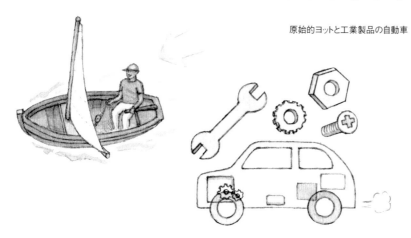

原始的ヨットと工業製品の自動車

ヨットは、自動車のように高度に工業化された製品ではない。船体の組み立てや、部品の取り付けも手作業の部分が多い。動力源には原始的な風を使い、航行するのは過酷な海上である。自動車とは異なり、ヨットには思わぬトラブルが付き物であると考えよう。

ヨットは自分の好きな道を見つけて、自分で決めた目的地へ向かうことができる最高の自由を味わえるスポーツである。最高の自由を味わえるが、航行中のトラブルにはスキッパー（船長）が全ての責任を負わねばならない。出航前の点検は船長の遵守事項の一つとして法令に明記されてもいる。

このように、ヨットはトラブルへの対処を通して自由と責任が問われるスポーツであるから、欧米ではリーダーシップを磨くスポーツとして位置づけられている。組織のトップに立つ人たちが自ら楽しむだけでなく、セーリングをサポートする例が多いのは、ヨットが自らを高めるスポーツであることを知っているからである。

トラブルや非常事態は個別に想定して、対処法を準備しておけば対応できることも多い。準備は安心につながり、スキッパーに余裕を生むことになる。トラブルを練習の過程ととらえれば、自分の糧としてセーリング技術の向上への一歩とすることができる。

トラブルに自力で対応できないと思ったときは、救助機関へ救助を要請するので、その方法も知っておかねばならない。

［艤装品、リグのトラブル］

（1）ブームのメインシートブロックが外れて飛んでしまった。

① ヒーブ・ツーにして、一次的に停船する。

② シャックルが外れたのか、ブロックが壊れたのか確かめる。

③ シャックルが外れたなら予備のシャックルを取り出しておく。

④ ブロックが壊れたなら、予備ブロックとシャックルを取り出しておく。

⑤ 手が届くところまでブームを引き寄せる。

⑥ ブロックのねじれを正して、予備シャックルで取り付ける。

⑦ メインシートの出し入れを確認する。

⑧ ヒーブ・ツーを解除して元のコースをセーリングする。

シャックルが外れたのか、ブロックが壊れたのか確かめる

予防と対策

出航前点検時に、シャックルのピンが固く締まっているかをスパイキやシャックルキーを使って確認する。予備シャックルを艇の応急部品箱へ入れておく。

（2）ハリヤードが切れた、またはシャックルが外れてメインセールが落下した。

① セールが舷外へ流れ出ないように確保する。

② メインハリヤードの先端がジブハリヤードより上に上がったかを確かめる。

③ ジブハリヤードの出口より下にある場合、ボースンチェアーでマストへ登り、先端をつかまえて引き下ろす。

④ 先端がジブハリヤードの出口より上の場合は、洋上での回収をあきらめ帰港後に業者へハリヤードの入れ替えを依頼する。

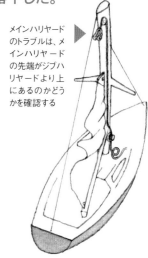

メインハリヤードのトラブルは、メインハリヤードの先端がジブハリヤードより上にあるのかどうかを確認する

予防と対策

セールを揚げる前に、レバーピンシャックルの場合はレバーを90度回してロックがかかっているかを確認する。ネジシャックルの場合は、スパイキなどの工具でシャックルピンをきつく締める。ハリヤードにほつれがある場合は交換しておく。

(3) セールが大きく破れた。

① 直ちにハリヤードを緩めセールを降ろす。

② メインセールの場合はジブだけでセーリングを続行する。

③ セールを取り外してキャビン内へ運び入れる。

④ セールリペアテープを破れた箇所の両面へ貼りつける。

⑤ ジブの場合も同様にして応急修理をする。

⑥ 帰港後にセールメーカーへ修理を依頼する。

予防と対策

出航前にセールの状態を確かめ、必要なら応急修理をしておく。強力な粘着剤のセールリペアテープを艇の応急部品箱へ入れておく。

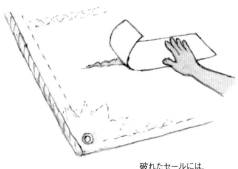

破れたセールには、リペアテープを貼りつける

---

(4) リギンが切断した。

① シュラウドの場合は、問髪を入れずにタッキングを行い風を受ける舷を入れ替える。

② ヒーブ・ツーの状態を保ち、予備ワイヤーとワイヤークリップで応急修理を行う。

③ フォアステーの場合は、直ちにヘッドダウンしてメインセールだけでランニングにして②と同様に応急修理を行う。

④ バックステーの場合はヘッドアップしてクロースホールドでセーリングを続け、②と同様に応急修理を行う。

⑤ セールエリアを縮小してセーリングを続ける。

⑥ 帰港後に業者へシュラウドの製作を依頼する。

シュラウド

シュラウドが破断した場合、シュラウドの下部へワイヤークリップを上下に2個ずつ使ってワイヤーを仮つなぎする

予防と対策

出航前にリギンの状態を確かめておく。ワイヤーの直径に合ったワイヤークリップ4個と1mほどのワイヤーを艇の応急部品箱へ入れておく。

---

(5) マストが折れた。

① クルー全員にケガや異常がないかを確かめる。

② 折れたマストを横になるように舷側へ引き寄せる。

③ 前後の片側からマストを持ち上げてデッキ上へ回収を試みる。

④ マストの回収が困難な時は、あきらめてブームとセールの回収に努める。

⑤ 艇とつながっているハリヤードやシュラウドをワイヤーカッターなどで切り離し、ハルの損傷を防ぐためにマストを放棄する。

⑥ ブームを使って応急マストを立て、ジュリーリグを製作する。

⑦ セーリングで続航して最寄りの寄港地へ向かう。

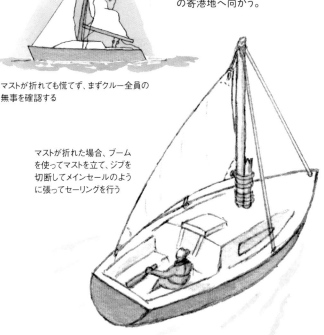

マストが折れても慌てず、まずクルー全員の無事を確認する

マストが折れた場合、ブームを使ってマストを立て、ジブを切断してメインセールのように張ってセーリングを行う

予防と対策

ワイヤーカッター（クリッパー）を艇の応急部品箱へ入れておく。

［艇体のトラブル］

(1) 機走中にプロペラへ 何かが巻きついて 走らなくなった。

プロペラに海藻やビニール袋、ロープなどが巻きついた場合、シフトレバーを2、3回後進へ入れて異物が外れるか試みるとよい

① インボードエンジンの場合は、スイミングラダーを下ろしてプロペラを確認する。

② 海藻やビニール袋、ロープなどが巻き付いていたら、シフトレバーを2、3回後進へ入れて異物が外れないか確認する。

③ 外れない場合はシーナイフを使って取り外す。

④ 船外機の場合はチルトアップしてプロペラを確認し、②③と同様にして異物を取り除く。

⑤ しばらく低速運転で航行し、異音などがしないか確認する。

⑥ 調子が良ければクルージングスピードへ移行する。

予防と対策
水中メガネ、シュノーケル、ロープカッターなどを搭載しておく。

(2) ティラーが折れた、 またはステアリングホイールで操舵ができなくなった。

① アンカリングまたはヒーブ・ツーにして停船する。

② 予備ティラーに交換する。

③ 危険が迫った時は救助を要請する。

舵が損傷した場合、アンカリングまたはヒーブ・ツーを行って停船させる

ティラーが折れたり、ステアリングケーブルが破断した場合、予備ティラーに交換する

---

(3) セーリング中に風下側へ座礁した。

① 直ちにタッキングして離礁を試みる。

② タッキングできないときはセールをすべて降ろしてエンジンを始動する。

③ クルー全員をブームにつかまらせてヒールさせ、エンジンを後進か前進全速にして深いほうへ離礁を試みる。

④ ディンギーで沖側へアンカーを打ち、アンカーロープとハリヤードをつないでハリヤードウインチを巻き、艇をヒールさせて離礁を試みる。

⑤ 離礁できないときは潮汐表で干満状態と潮位を調べる。

⑥ 満潮に向かうときは潮位が増えるまで待って離礁する。

⑦ 干潮時に現在の潮位から喫水の1/2以上浅くなる場合は、ハルの下へバースクッションなどを当て船底の損傷を防ぐ。

⑧ 危険が迫った時は救助を要請する。

座礁の場合、クルー全員をブームにつかまらせてヒールさせながらエンジンのギアを後進または前進全速に入れ、深いほうへ向かって離礁を試みる

（4）船底に水が急に溜まってきた。

① ヒーブ・ツーにして停船する。

② 入ってくる水の量を確かめる。

③ エンジン冷却水のバルブ、スターンチューブ、トイレのバルブ、ギャレーなどのバルブを点検して原因を確かめる。

④ ビルジポンプを始動して排水を始める。

⑤ バルブを閉鎖して水漏れを止める。

船底に水が急に溜まった場合、エンジン冷却水のバルブ、スターンチューブ、トイレのバルブ、ギャレーなどのバルブを点検する

［エンジンのトラブル］

機走中に急にエンジンが止まって再始動しなくなった。

① セーリングに切り替えて安全性の高いコースへ向けて走らせておく。

② 燃料がなくなっていないか確認する。

③ なくなっていれば燃料を補充する。

④ ディーゼルエンジンの場合は空気抜きをしてから再始動させる。

⑤ 船外機の場合はプライマリーポンプを数回押してから再始動させる。

⑥ 燃料が十分残っている場合は、オーバーヒートしていないか確認する。

⑦ 船外機の場合はプロペラ付近にある冷却水取り入れ口に異物が付着していないか確かめる。

⑧ ディーゼルエンジンでオーバーヒートしている場合は、冷却水コックにつながっているゴムパイプを外して海水が流れ出るか確認する。

⑨ 流れ出ない場合は、艇内の冷却水コックの出口からワイヤーなどを差し込み、詰まっている異物を取り除く。

⑩ 流れ出る場合は冷却水ポンプのフタを外してゴム製インペラの羽根が折損していないか確認する。

⑪ 羽根が折損している場合は予備のインペラと交換する。

⑫ エンジンを再始動し艇外の排気および冷却水出口から冷却水が排出されているか確認する。

⑬ しばらく低速運転を続けて様子を見る。

エンジン付きのヨットはエンジンで走れなくなった場合、セーリングに切り替えて安全なコースへ向かう

［艇内の危険物］

夜間にバッテリーをチェックする場合、滞留しているLPガスや揮発したガソリンなどに引火や爆発の恐れがあるため、ライター等を明かりとして使用してはならない

　ヨットには爆発や火災の原因となる危険な液体や気体が搭載されている。これらの危険物がどの場所にあり、どのような器具に使用されているのかを知っておかねばならない。そして危険性と特徴を把握し、事故を未然に防ぐ対策を考えておく必要がある。

　事故が起こりやすいのはLPガスである。ヨットではプロパンガスもしくはカセットガスを使用するストーブ（コンロ）を搭載している。LPガスは空気より比重が重いので、キャビン内へ漏れたLPガスは隙間を通ってビルジだまりへ滞留する。

　電気接点の火花から着火する恐れがあるので、ガス臭いと思った時でもブロワーを回してはならない。排出するにはフロアー板をめくり、キャビン内を自然換気する。その時は傘などでビルジだまりから空気をくみ上げるようにするとよい。

　夜間にバッテリーをチェックするため、ライターに点火してコックピットロッカーのハッチを開けて覗き込んだ。その途端に爆発が起こり救急車で搬送された事故がある。幸い髪と眉が焼けただけで大事には至らなかった。

危険物の種類とそれぞれの特性

危険物	場所	危険性	特徴
ガソリン	燃料タンク	引火	水より軽い
ガソリン蒸気	燃料タンク置き場	爆発	空気より重い
軽油	燃料タンク、エンジンルーム	引火	水より軽い
プロパンガス	ストーブ	爆発	空気より重い
アルコール	ストーブ	引火	空気より重い
メタン	ホールディングタンク	爆発	空気より軽い
水素	鉛バッテリー	爆発	空気より軽い

［遭難信号の種類と使用法］

1. トラブルに自力で対処が困難な時は、沿岸近くのサービス提供海域ではBAN（会員制救助システム）に電話で曳航を依頼する。

2. 自力で対処が困難であり、危険が危急に迫っている場合は、付近の船舶や目撃者、または海上保安庁などへ救助を要請する。その根拠となるのが、以下の法令である。

船員法（遭難船舶等の救助）第十四条

船長は、他の船舶又は航空機の遭難を知つたときは、人命の救助に必要な手段を尽さなければならない。但し、自己の指揮する船舶に急迫した危険がある場合及び国土交通省令の定める場合は、この限りでない。※遭難信号を知っておけば救助に赴くことができるので、スキッパーとしては理解しておくことが必要。

海上衝突予防法（遭難信号）第三十七条

船舶は、遭難して救助を求める場合は、国土交通省令で定める信号を行わなければならない。

2　船舶は、遭難して救助を求めていることを示す目的以外の目的で前項の規定による信号を行つてはならず、また、これと誤認されるおそれのある信号を行つてはならない。

遭難信号

① 約1分の間隔で行う1回の発砲その他の爆発による信号

② 霧中信号器による連続音響による信号

③ 短時間の間隔で発射され、赤色の星火を発するロケット又はりゅう弾による信号

④  霧中信号器による連続音響による信号

⑤ 無線電信その他の信号方法によるモールス符号の「・・・－－－・・・」（SOS）の信号

⑥ 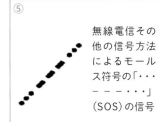 無線電話による「メーデー」という語の信号

⑦ 縦に上から国際海事機関が採択した国際信号書（以下「国際信号旗」という）に定めるN旗及びC旗を掲げることによって示される遭難信号

⑧ 方形旗であって、その上方又は下方に球又はこれに類似するもの1個の付いたものによる信号

⑨ 船舶上の火炎（タールおけ、油たる等の燃焼によるもの）による信号

⑩ 落下さんの付いた赤色の炎火ロケット又は赤色の手持ち炎火による信号

⑪ オレンジ色の煙を発することによる信号

⑫ 左右に伸ばした腕を繰り返しゆっくり上下させることによる信号

⑬ 無線電信による警急信号

⑭  無線電話による警急信号

⑮  非常用の位置指示無線標識イーパブ（E-PIRB）による信号

⑯ 前各号に掲げるもののほか、海上保安庁長官が告示で定める信号

[22] ナビゲーションの基礎1

ヨット乗りの2大恥は「引っ張ってくださいと頼むこと」「ここはどこですかと聞くこと」

ここはどこですか？

初めて寄港する港では、ここが目的港なのかどうか、外から見るだけでは確信が持ちにくい。不安に駆られると、港へ入ろうとする漁船に思わず尋ねてしまう。

「ここはどこですか」。このヨットはナビゲーション（航海術）もできないのかと、聞かれた漁船はあきれてしまうだろう。

「ヨット乗りの2大恥、これだけは肝に銘じておけよ」。ヨットの師匠ともいえる徳弘忠司さんが言った。「一つは、引っ張ってくださいと頼むこと」。「もう一つは、ここはどこですかと聞くことだ」。肝には銘じているが、恥ずかしながら大恥をかいた過去がある。

青木ヨットスクールで、屋久島から大阪へのOPM外洋航海コースのインストラクターを務めていたときである。嵐と戦った夜間航海が明け、足摺岬が水平線に浮かんできた。足摺岬の根元にある土佐清水が目的港である。負傷者も出た嵐を乗り越え、全員疲労困憊しているが、土佐清水にはこれまで何度も入港している。港口の灯台から南西へ長く伸びた根の位置も熟知している。港内の様子もわかっている。

しかし入港していった港の中は、思ったよりも狭い。防波堤の位置も変わっている。埋め立て工事が進んだのだろうか。インストラクターの不安が受講生に伝わり、お互いに顔を見合わせている。ちょうど防波堤の先端に釣り人がいる。「すみませ

ん、ここはどこですか……」。思わず聞きそうになったが、師匠の徳弘さんの言葉がよみがえった。聞くのは思いとどまり、代わりにチャート（海図）を見直す。「ここは土佐清水港ではなく、北隣の清水漁港だ」。2回目の大恥はかろうじて免れたが、「2大恥」が他人事とはとても思えない。

GPSがあれば迷子にはならないから、そんな恥をかくことはないだろう。そのような意見をよく聞くが、しかし事実は別の傾向を示している。海難審判所による裁決書を調べると、令和3年の1年間で、全国のヨットとプレジャーボートの乗揚げ、および漁業施設等との衝突損傷事件は32件が起きている。そのうちGPSを搭載していたのは27代であるから、およそ8割の艇がGPSを備えていた。それにもかかわらず水路調査不十分の裁決を受けている。水路調査不十分とは、自分が実際にはどこにいるのかが不確かなため、そこに危険物があることを認識していなかったことにほかならない。従ってGPSを装備し自艇の現在位置が表示されるだけでは安心できないことがわかる。ではどのように準備をすれば、より安全なクルージングを楽しめるのだろうか。

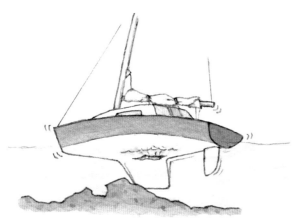

キールとハルの隙間から浸水するヨット。自分がどこにいるのかが不確かなため、危険物があることを認識できずに事故に至るケースは少なくない

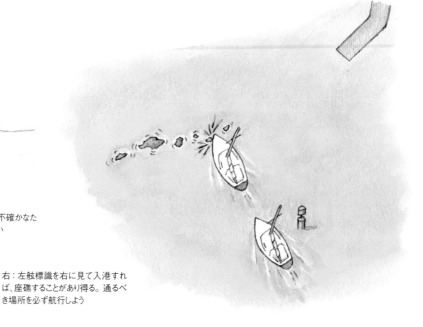

右：左舷標識を右に見て入港すれば、座礁することがあり得る。通るべき場所を必ず航行しよう

88

［海図を理解する］

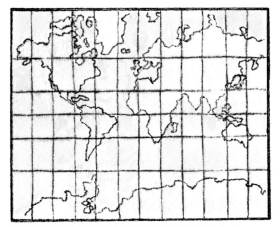

海図は地球表面を縦横の2方向から見た図として作成されている

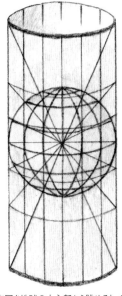

海図を地球の中心部から眺めると、自ず と3次元の立体となる

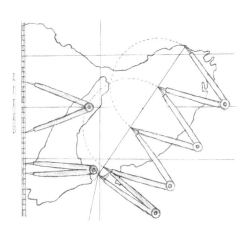

海図上で距離を測る際は、緯度尺にデバイダーを当て、経度ではなく緯度を尺度として使う

　海図は海を航海するときの道案内となる地図である。海図が道路地図と異なるのは、航行上に役立つ危険物や目印、航路標識などが記載されていることである。自動車で道路を走行している限りは、道路上に岩が出ていたり穴が開いていることは想定しなくてよい。しかし海上には道路がないので、航海する時は自分で道路となるコースを設定しなければならない。そして設定したコースに、どのような危険性が潜んでいるのかを調べなければならない。

　GPSのプロッターに表示されるのも海図であるから、海図を理解することから航海の計画が始まる。

　また、海図は地球表面を縦横の2方向から見た図である。しかし海図を地球の中心部から眺めれば、自ずと3次元の立体となる。

　上の左図で地球を縦に分割した線が経度である。横に輪切りにした線が緯度となる。経度は両極に近いほど間隙が狭くなる。経度緯度の縦横の線をほぼ平行とし、紙の平面へ写し取ったものが地図である。

　このような地図の原理は、メルカトルによって1569年に発明された。海図はこのメルカトル図法に基づいて、位置が表現されている。メルカトル図法では赤道よりも極付近が実際よりも大きく表現されるので、海図上の南北では縮尺が異なる。

　海図上で距離を測るには、経度ではなく緯度を尺度として使う。日本の道路地図ではm（メートル）が距離の尺度であるが、海図では距離はM（マイル）で表し、緯度1分の目盛りが1Mとなる。スピードはkmではなく1時間に1M進むスピードを基にkt（ノット）であらわす。

　では海図を1枚広げてみよう。海図の海域名称がタイトルとして大きく表記されているので、その下に記載された情報をまず理解することから始める。

［海図の構成］

1	発行者 Authority	海図を発行する、その内容についての責任者。海上保安庁水路部、NOAA（米国）、British Admiralty Charts（英国）などがある。
2	海域名称 Title	海図がカバーする海域名を、表題として大きく記載している。たとえば「野島崎から潮岬」など。
3	海図番号 Number	同じ海域の海図でも、海図番号によって区域が区分されている。
4	縮尺 Horizontal Scale	海図に縮尺が表記されている時は、縮尺が合致する緯度が示されている。同一緯度においては、記載の縮尺を使用することができる。たとえば1：120000の縮尺と表記されていても、それは海図上の特定の緯度上における縮尺である。
5	水深と高さの表記 Soundings & Height Units	水深や高さはメートルやフィート、ファザムなどがある。しかし今では英国海図もメートル表記を採用している。海図に記載されている灯台や山の高さ、橋の高さ、および水深は、潮汐の干満のどのような状態に基づいているか記載されている。
6	測地系 Horizontal Geodetic Datum	地球形状の表現方法に関しては、歴史的地域的に100種類以上がある。わが国の最近の海図は世界測地系（WGS-84 datum）のものが発行されている。
7	投影図法 Projection	海図には使用している投影図法が表記されている。メルカトル図法以外にも、狭い海域にはステレオ図法が採用されている場合がある。
8	GPSとの整合性 GPS Compatibility	ほとんどの海図ではGPSでの測位を、使用することが可能である。しかし中には19世紀の測量に基づいている海図もまだ存在する。世界測地系に基づいていない時は、海図上に修正値が示されている。
9	海図の補正 Corrections & Edition	たとえば1996年発行の海図であっても、適切に補正作業がされていれば2022年においても使用することができる。発行者による補正の記録は、海図の裏側に押されたゴム印によって表記されている。

［海図記号と航路標識］

海図には航海に必要な情報が記載されているが、全て特有の記号で表記されている。GPSのプロッターに表示されるのも海図であるから、記号の意味を理解することで安全か危険かの判断が可能となる。

海図には下記のように航海に有益となる情報が、記号によって表示されている。

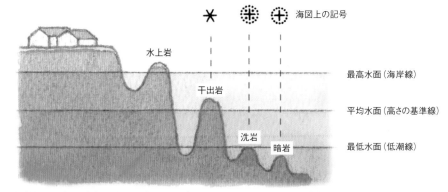

危険物となる暗岩、洗岩、干出岩。海図には航海に必要な情報が記載され、全て特有の記号で表記されている

1	水深 Soundings	水深は最低水面（天文学的に最も低くなる水面高さ：M.L.W.）からの深さで表されている。たとえば28と表記されている時は、28m（メートル）の水深である。（04）の時は40cmの水深である。
2	等深線 Title Depth Countours	等深線は同じ水深の各点を結んで記載されている。
3	物標の高さ Heights	山や灯台等の標高は平均水面、橋や架空線等は最高水面、干出物は最低水面からの高さが記載されている。
4	潮汐 Tides and Currents	上げ潮流時および下げ潮流時に流れる、潮の流速や流向は、必要な箇所に矢印で表されている。
5	浮標・立標 Buoys & Beacons	浮標、標識、灯台船などが表示されている。
6	灯台 Lights	灯台の高さ、光の色、光の届く距離、光の特徴などが記載されている。
7	底質 Quality of the Bottom	海底が岩であるのか、砂、海草などであるのかが、表示されている。アンカリングの判断に必要となる。
8	磁気偏差 Magnetic Variations	偏差とは真の北極と磁石が示す北極との角度の差である。海図のコンパス図（コンパスローズという）の中に偏差が表されている。
9	陸標 Conspicuous positions on the shore	陸地にあっても航海に役立つ目標は、海図に位置が記載されている。鉄塔、山頂、建物などがある。
10	危険物 Dangers	その上、または付近を通航するときに危険を伴う浅瀬や岩などの危険物、地形、水域などが表されている。

方位標識の一つである東方位標識。標識の西側に障害物があるため、東側を航行するのが安全だ

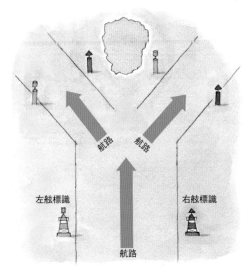

航路標識は、海上での道しるべの役割をしている。港への接近や航路を通る際、どの進路を取るかを指し示す

方位標識は、その標識の東・西・南・北のいずれかの側に航路があることや、標識が示す反対側に障害物があることを示している

［航路標識とその意味］

航路標識は、ヨットにとっての道しるべである。港へ接近するときや航路を通るときに、どのような進路を取るべきかを指し示す。従ってその意味を知っておかないと、安全に入港することもできない。GPSの画面を見ながら標識とは反対側を航行したため座礁し、沈没したヨットもある。図解に示した航路標識は、ぜひ覚える必要がある。

［航海計画を立てる］

予期しないことが起こると慌てるのが人の共通心理と言えよう。慌てると判断ミスが重なって事故へつながることになりかねない。

しかし突然の出来事であっても、あらかじめ把握していることには対応しやすい。そこで出航前に航海計画を立て、予定航路上の危険物や航路標識を把握することが大切な第一歩となる。そのためにはまず海図を購入しよう。GPSがあるから海図は要らないと考えるのではなく、ある方が役に立つと前向きに考えよう。海図はパソコン画面と違って一目で全体を見

GPSやニューペックがあっても、海図も用意すべきである。海図は全体を一目で見渡すことができ、バッテリー上がりでも困らない

渡すことができる。また画面を拡大したりスクロールさせなくても、全体を見ることが

できる。危険物は全て表示されているので、判断が容易である。

航海計画に必要な用具

1 海図（チャート）

出航する港から目的港までの海域が1枚に掲載されている海図で、20万分の1以下の小縮尺の海図が適切である。「海図ネットショップ」（https://www.jha.or.jp/shop/）から購入する。

2 Sガイド（プレジャーボート・小型船用港湾案内）

入港時の推奨コースや目標、危険物、港内の係留場所などの情報が掲載されている。「海図ネットショップ」からダウンロード販売されているので、入港する予定の港に合わせてページを選択して購入する。

3 平行定規

狭い場所では三角定規より使いやすい

4 シングルハンドデバイダー

片手で開閉できる金属製のデバイダー

5 鉛筆

2B〜4Bの鉛筆かシャープペンシル

6 消しゴム

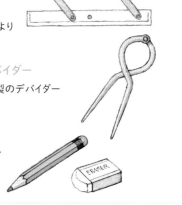

航海計画を立てる手順

① 海図を8等分に折りたたむ。海図を折ってはダメだとの声もあるが、ヨットは商船などとは異なり、大きなチャートテーブルを備えていないので規則通りに折り畳み、必要な個所を広げて使う。

② 出航する港から開始して、途中で変針する岬や迂回する島などがあれば鉛筆で丸で囲む。

③ 岬や島の変針点に平行定規を当て鉛筆でコースを描く。

④ 描いたコースの周囲の危険物や目標となる物標を海図記号で調べる。

⑤ コース上にデバイダーを回し当てて距離を測る。

⑥ 合計距離マイル（M）を自艇のクルージングスピードであるノット（kt）で割り、到着予定時刻を推定する。

⑦『インナーセーリング④』（舵社 刊）の第6章ナビゲーションの基本を参照して航海計画書を作る。

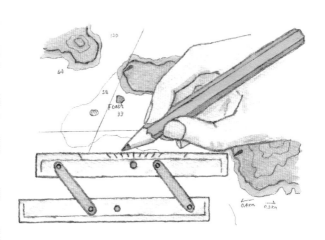

平行定規はヨットの船内で使うのに適している。狭い場所では三角定規より使いやすい

91

［23］ ナビゲーションの基礎 2

「ヨット乗りは風を媒体とするアーティスト」。風を動力源として使う我々ヨット乗りを言い表した素敵な言葉だ。しかし「風まかせ」と言えば「不安定」と結びつくように、風は当てにならない原始的な動力源である。

また海上には陸上のような道路がないので、ヨット乗りは風と潮に合わせて道となるコース（航路）を自ら定めて走航する。

自動車が道路を外れて走行することはほぼない。ところがヨットの走航するコースは海原であり、道路のようにあらかじめ定められた道はない。いつものセーリング海域から遠出する場合は、まず海図を眺めて目的地に到達するまでのコースを考える。コースは途中に存在する危険物を避け、航路標識に従って定めるのであるが、当てにならない風と潮流、または海流

自動車には道路があるが、海を走るヨットには定められた道路がないため、目的地に到達するまでのコースを考える必要がある

の影響を受けるので、予定したコースから外れることが多い。

そこで出航すれば、まず自艇の現在位置を知ることからナビゲーションが始まる。ナビゲーションの目的は把握した現在位置が安全なのか、それとも危険な海域に近づいているのか、その評価を行うことである。目的地まで安全に早く到着することがナビゲーションのゴールとなる。そのためにチャートプロッティングの基本を解説する。

前号で解説したように、ナビゲーションの技術を習得すればGPSを活用することが可能となる。安全に航海できるのは機器の力ではなく、機器が示す情報を判断するのは、自分が持っている技術力であることを理解しておこう。

［チャートプロッティングの基本］

海図上で作図作業を行うことを、チャートプロッティングという。目的地までの道路となるコースを海図に描いたり、危険物の存在や種類を調べたりする作業を行うことである。手と目と頭脳を働かせて航海の演習を行うことで、訪れる港への海域を理解することができる。チャートプロッティングのゴールは、航海の安全を図ることにほかならない。

今回はチャートプロッティングの基本となる（1）位置を測る、（2）距離を測る、（3）方位を測るという3点を解説する。

（1）位置を測る

海図上での位置は横と縦の座標で表される。地球を中心から見て赤道から北極までを90°に等分し、地球表面に延長した横の座標が緯度である。北半球は北緯0°から北緯90°までとなり、南半球は南緯0°から南緯90°となる。赤道が緯度の起点となり北緯と南緯ともに0°となる。北極と南極の緯度はそれぞれ90°である。

縦の座標は経度である。北極と南極を結んで中心軸として、みかんの房のように縦割りにして360°を経度とする。経度の起点はグリニッジ子午線（本初子午線）と定められていて、グリニッジから東側へ180°を東経と呼ぶ。グリニッジから西側へ180°は西経と呼ぶ。

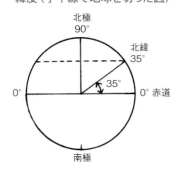

緯度（子午線で地球を切った図）

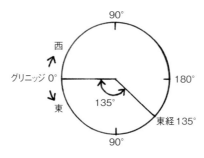

経度（赤道で地球を切った図）

例題 以下の例題を使って、沈船Aの位置を測ってみる。

手順

① 沈船Aの位置を示す丸印と、近くの緯度線との間にデバイダーを広げて垂直になるように当てる。

② 近くの緯度目盛りまでデバイダーを横方向へ移動させる。

③ 緯度を読みメモをする。
（図1の例では40°03.8′N）（読み方　ほくい40ど、れいさんてん、はちふん）

④ 同様に沈船Aと近くの経度目盛りへデバイダーを当てる。

⑤ デバイダーを緯度尺に当てて経度を測り、メモする。
（図1の例では24°52.1′E）（読み方　とうけい24ど、52てん、いっぷん）

ポイント

■ 測定にはデバイダーを使用する。定規を左右上下へスライドさせる方法は、揺れる船内では不正確となりやすい。
■ 測定と記入は緯度から始める。
■ 1′未満は緯度経度ともに10進法表記となる。

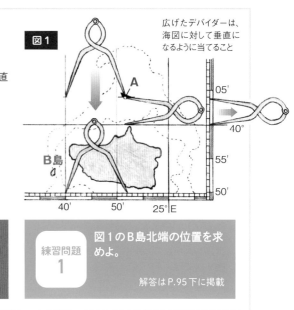

広げたデバイダーは、海図に対して垂直になるように当てること

図1

練習問題1　図1のB島北端の位置を求めよ。

解答は P.95 下に掲載

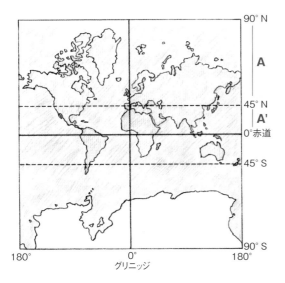

（2）距離を測る

　海図上で距離の単位はM（マイル、海里）を使い、kmは使わない。1Mは海図上の緯度1′の距離として、緯度1°は60′なので1°が60Mとなる。前号で解説したように、海図はメルカトル図法で描かれているので、緯度は極に近いほど拡大して表示されている。

　海図の縮尺が緯度によって相違していることは、左の図で比べると、さらにわかりやすい。図中のAとA′とは同じ緯度45°であり、距離はそれぞれ2,700Mである。しかし図中で距離を図るときは、注意が必要であることが理解できる。

　海図上で距離を測る時には緯度目盛りを緯度尺として使うが、測る場所に合わせて左右へ、ほぼ平行した高さの緯度尺を使わなければならない。以上が海図上で距離を測るときの注意点である。

例題 図2のA点とC岬との距離は何マイルか。

手順

① A点とC岬との間を平行定規を当て鉛筆で直線のコースを引く。

② 近くの緯度線にデバイダーを広げて5Mを測る。

③ 鉛筆で引いた線上へA点からデバイダーを当てて回転させていく。

④ C岬までの余りをデバイダーで測り、緯度目盛りへ当てて距離を読む。

⑤ ③で回転させた4回×5Mと余りの2.7Mを足す。

⑥ A点とC岬との距離は22.7Mとなる。

⑦ コースの下側へ22.7Mと記入する。

ポイント

■ 距離は緯度尺を使う
■ デバイダーは測る位置から平行となる緯度尺に当てる

デバイダーの先端は鋭いので、取り扱いに十分注意する。ゆれる船内で飛び出せば凶器となりかねない

図2

練習問題2　図1の沈船AとB島南端との距離を求めよ。

解答は P.95 下に掲載

（3）方位を測る

　方位は航海するコースの方向のことであり、北を0°として時計回りに360°で表される。

　方位は海図上に二重の円盤状に描かれたコンパスローズ（羅針図）に表示された360°の目盛りを基にする。コンパスローズの外側の円周はTC（真方位）を表し、内側の円周はMC（磁針方位）を表している。ヨットのコースを測るときはMCを使用する。

　ここでは海図上に描いたコースを、平行定規を使ってコンパスローズへ平行に移動して方位を図る。ヨットの狭いチャートテーブル上では、三角定規よりも平行定規が使いやすいので慣れておくとよい。

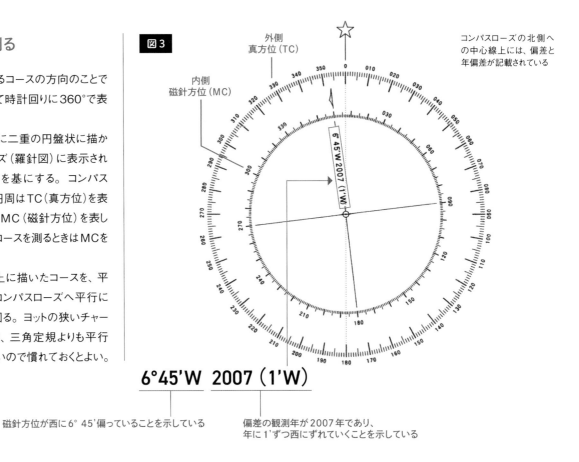

図3

外側 真方位（TC）

内側 磁針方位（MC）

コンパスローズの北側への中心線上には、偏差と年偏差が記載されている

6°45'W 2007（1'W）

磁針方位が西に6°45'偏っていることを示している

偏差の観測年が2007年であり、年に1'ずつ西にずれていくことを示している

例題 図4のブイAからブイBを結ぶ方位を測る。

図4

手順

① 鉛筆でブイAからブイBへの間を平行定規の縁を使って直線コースを描く。

② 最も近くのコンパスローズを確かめる。

③ 平行定規を開き、コンパスローズより離れた側のプロット線を、描いたコース上へ当てる。プロット線がない場合は平行定規の端部を当てる。

④ 移動しない側が動かないように、平行定規片側の中心つまみを押さえ、離れた側からコンパスローズへ向かって移動する。

⑤ 平行定規を移動し、プロット線をコンパスローズの中心へ当てる。

⑥ 進路方向はブイB側となるので、コンパスローズ下側の方位を読む。

⑦ コンパスローズの内側の目盛りを読みMCを得る。

⑧ コンパスローズの北側への中心線上に年偏差が記載されているので、30'以上の場合は1°へ繰り上げてMCへ加味する。

⑨ 得たMCはコースの上側へ3桁で記入する。

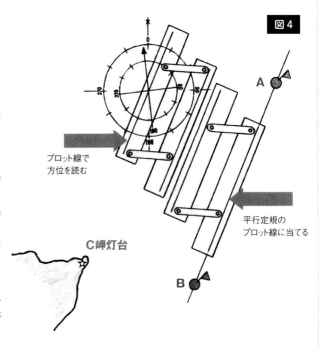

プロット線で方位を読む

平行定規のプロット線に当てる

C岬灯台

A

B

ポイント
- ■ コンパスローズの外側の目盛りはTC（真方位）
- ■ コンパスローズの内側の目盛りはMC（磁針方位）
- ■ 年偏差を加味して修正すること

練習問題 3　図4のC岬灯台からブイAへのMCを求めよ。（図3のコンパスローズを使う）

解答はP.95下に掲載

仕事をリタイアした後は余生ではなく、人生の総仕上げ。ヨット乗りは風を媒体とするアーティストである

［航海計画を立てる］

　１泊以上のクルージングには航海計画が必要となる。目的地へのETA（到着予定時刻）を割り出し、コース上の危険性を予測することで、クルージングの安全確保と楽しさを倍増させることができる。

　位置と距離に加えて方位を測ることができるようになれば、航海計画を立てることが可能になる。ETAは距離のマイルをkt（クルージングスピード）で割ればよい。目的地が見えていなくても、ヨットが目指す方位は事前に割り出したコースのMCが導いてくれる。

　２泊以上のクルージングでは航海計画書を作成するが、その実際の手順を自分で学びたいときは『インナーセーリング④』（舵社刊）の第６章を参照してほしい。本格的にナビゲーションを勉強する時は、青木ヨットスクールでCONコースを提供している。

　ヨットのセーリングは危険と隣り合わせであるからこそ楽しいのである。危険な状況を乗り越えるために技を鍛え知識を蓄える。どのような嵐でもピンチでも乗り越える意志を持ち、その時に備えて技を磨く毅然とした生き方は、ヨット乗りのライフスタイルといってよい。

　仕事をリタイアした後は余生ではなく、人生の総仕上げであると受け止めれば、残りの人生はさらに充実するであろう。「ヨット乗りは風を媒体とするアーティスト」。そのライフスタイルをうたう言葉である。

　ヨットを始めようとする中高年者に、サミュエル・ウルマンの詩を贈りたい。「人は信念と共に若く、疑惑と共に老ゆる。人は自信と共に若く、恐怖と共に老ゆる。希望ある限り若く、失望と共に老い朽ちる」

航海計画書 Sailing plan

船名 Boat name　EAGLE　　船種 type　Y30　　航海速力 Cruising speed　4.5ノット
計画者 Your name　青木 洋　　スキッパー Skipper　青木 洋
出港予定日 ETD　2018/ 01 / 20/　　出発港 Departure　新西宮ヨットハーバー
入港予定日 ETA　2018/ 01 / 21/　　目的港 Destination　室戸岬港
乗組員氏名
Crew members

変針点 Way points 名称 Names	位置 Positions	航程 Log 所要時間 hours	予定時刻 ETA 実時刻 ATA	コンパスコース CC
出発港 Departure 新西沖港※赤灯台	34°40.7′ N 135°18.8′ E	*** ***	予 0700 実	***
第1変針点 Point 1 由良瀬戸入口	34°17.9′ N 134°59.9′ E	27.7 M 6 h 09 m	予 1309 実	222°
第2変針点 伊島灯台アビーム	33°50.4′ N 134°50.3′ E	28.7 M 6 h 23 m	予 1932 実	203°
第3変針点 室戸岬灯台南	33°13.3′ N 134°10.8′ E	49.5 M 11 h 00 m	予 0632 実	228°
第4変針点 室戸岬港灯台アビーム	33°15.3′ N 134°08.9′ E	2.5 M 0 h 33 m	予 0705 実	328°
第5変針点	° ′ N ° ′ E	M h m	予 実	
第6変針点	° ′ N ° ′ E	M h m	予 実	
第7変針点	° ′ N ° ′ E	M h m	予 実	
第8変針点	° ′ N ° ′ E	M h m	予 実	
第9変針点	° ′ N ° ′ E	M h m	予 実	
第10変針点	° ′ N ° ′ E	M h m	予 実	
目的港 Destination 室戸岬港クロ	33°15.7′ N 134°09.6′ E	0.8 M 0 h 11 m	ETA 0716 ATA	058°
	全航程 Total logs	109.2 M		
	予所要時間 ETH	24 h 16 m		
	実所要時間 ATH			

記入許容誤差　位置±0.2′、航程±0.2M、時間時刻±05m、コース±002°
Allowance in positions ±0.2′, logs ±0.2M, minutes ±05, courses ±002°

避難港 Emergency harbors
1.　サンセ゛アマリーナ　　2.　和歌山マリーナシティ　　3.　伊島漁港
©Aoki Yacht Corporation　www.aokiyacht.com　射水紙使用

新西宮ヨットハーバーから室戸岬港へ向かうプランを記載した航海計画書

　本書の解説はここまで。次項のレビューテスト３が総仕上げとなります。これまで勉強してきた知識を確かめていただきたいと思います。

練習問題の解答
1. 39° 52.7′ N 24° 52.5′ E
2. 15M
3. 055

［24］レビューテスト3

ヨットの
SEAMANSHIP

マリンウェザー

セーリング

メンテナンス

ナビゲーション

ヨットは危険や危機への対応を学ぶ絶好の場である。リーダーシップに最も必要とされる冷静な判断力を培うことができる。海外では、ヨットがリーダーシップ教育にとって有用なスポーツであるとの位置づけが定まっているので、多くの個人や企業がヨットの普及活動に協力している。実際に社会的なリーダーがヨット乗りであるケースも多い。ヨットが個人としての楽しみだけではなく、一つのライフスタイルとして社会の中に定着しているのである。

わが国ではヨットはスポーツというよりも、お金持ちの遊びと受け取られている。教育機関が限られている上に、ヨットの教科書も数少ないので学ぶ環境が整っていない。さらに、ヨットが上手になるには経験年月が第一であるという考えが根強い。自分の技量の高さを例えるために、ヨット経験が30年や40年と言う場合もある。しかし年月だけでは経験値の高さは測れない。

先人の試行錯誤を通じて体系づけられたヨットの技術は、多くの文献として残されている。ヨットの技術は、セーリング、ナビゲーション、マリンウェザー、およびメンテナンスの4要素によって体系化されている。学ぶべき要素の奥深さは計り知れない。しかしセーリングの技術は基本に従って学べば誰でも身に着けることが可能である。

大海原を原始的な動力源である風の力を借りて、ヨットを走らせる魅力は何物にも代えがたい。ヨットは人生を3倍豊かにすると言えよう。

技術は知識と手順とで成り立つ。技術を身に着けるためにはテストと反復練習が必要である。これまで23項にわたって、外洋ヨットの基本技術を学んできた。その成果を試すためにレビューテストで確認してみよう。

解答は○×、または数字で記入する。テスト時間は50分、90%（72問）以上の正解はAレベルでスキッパー経験が10年以上のベテランの実力、80%（64問）以上はBレベルでスキッパー2年以上の実力、70%（56問）以上はCレベルでビギナー段階となる。70%未満の際は、いまいちど本書をしっかりと読み直して、セーリングの実力を高めよう。

［落水事故と安全装備1］ ○×で記入する。

① （　　）穏やかな状態であるが突然にエンジンが止まったときは、まず118番へ電話をして海上保安庁へ救助を求める。

② （　　）セーリング中にセールが破れたときは、緊急事態なので海上保安庁へ救助を依頼する。

③ （　　）寒い風にさらされているときに頭がボーッとしてくるのは精神力が足りないからである。

④ （　　）もし落水したときには、落水者は最も近くの岸辺を目指して泳ぎ始めるべきである。

⑤ （　　）水中で救助を待つときは、なるべく体を動かして体温が下がらないようにする。

⑥ （　　）　人で水中で救助を待つときは、ラッコ浮きの姿勢で体を動かさないようにして体温の流出を防ぐ。

⑦ （　　）水中で救助を待つときは、ダンブイ（救命ブイ）などの浮力体をつかまえてHELPポジションを保つ。

⑧ （　　）軽度の低体温症では震えが始まり、筋力が低下する。

⑨ （　　）低体温症にかかった落水者は着衣や靴を静かに脱がせるが、マッサージは決して行ってはならない。

⑩ （　　）低体温症から回復させるためには、体の内部から温めないといけないので、意識がなくても温かい飲み物を飲ませる。

⑪ （　　）救助して低体温症に陥っているときは、毛布や寝袋をかぶせ、これ以上の体温低下を防ぐ。

⑫ （　　）落水を防ぐためのセーフティーライン（テザーライン）は夜間にだけ着用する。

⑬ （　　）セーフティーラインは動作を阻害するので、荒天の時にだけ着用する。

⑭ （　　）ジャックラインはデッキへ張り渡し、セーフティーラインを取り付けるためのベルトである。

⑮ （　　）ハーネスホルダーはセーフティーラインを取り付けるため貫通ボルトで取り付けた頑丈な金具である。

⑯ （　　）ライフラインは頑丈なので、セーフティーラインを取り付けるために使ってもよい。

⑰ （　　）ライフジャケットはビギナーが着けるものであり、ベテランには必要ない。

⑱ （　　）ライフジャケットによっては、波浪中での浮力が十分でない製品がある。

⑲ （　　）ライフジャケット、救命浮環、信号紅炎は法定安全備品である。

⑳ （　　）自力で落水者を救助できないときは、直ちにVHF無線機で「メーデー」を呼びかける。

㉑（　）落水事故が起これば、直ちにセールを降ろしてエンジンをかけなければならない。

㉒（　）強風下で落水事故が起これば、セーリングでの救助はあきらめて直ちにセールを降ろしてエンジンをかけなければならない。

㉓（　）セーリング中に落水が起これば8の字救助法を使って救助する。

㉔（　）8の字救助法はシングルハンドでも操船できる救助法である。

㉕（　）セーフティーラインを装着して落水した場合は、セーリング中でも直ちにエンジンをかけて後進にして艇速を止める。

㉖（　）セーリング中にセーフティーラインを装着して落水した場合は、直ちにヒーブ・ツーを行って行き足を止める。

㉗（　）セーフティーラインの体側の金具は、とっさに外さねばならないことがあるので、スナップシャックルが装着されている。

㉘（　）ダンブイは救命ブイのことであり、いつでも投下できるように設置しておく。

㉙（　）ライフスリングは馬蹄形をした救命ブイのことであり、水に浮くロープが30mほど付属している。

㉚（　）ライフスリングは法定備品の一つである。

㉛（　）落水者を舷側へ確保した際は、ライフスリングに救助用テークルをつないで引き上げる。

㉜（　）救助用テークルは上げしろを確保するために、事前にスプレッダー付近までハリヤードで上げておく。

［安全装備の名称など］名称に該当する番号を図から選び記入する。

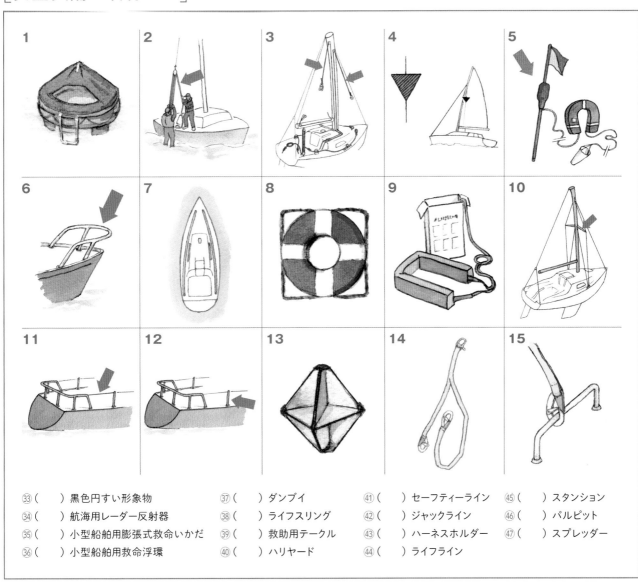

㉝（　）黒色円すい形象物

㉞（　）航海用レーダー反射器

㉟（　）小型船舶用膨張式救命いかだ

㊱（　）小型船舶用救命浮環

㊲（　）ダンブイ

㊳（　）ライフスリング

㊴（　）救助用テークル

㊵（　）ハリヤード

㊶（　）セーフティーライン

㊷（　）ジャックライン

㊸（　）ハーネスホルダー

㊹（　）ライフライン

㊺（　）スタンション

㊻（　）パルピット

㊼（　）スプレッダー

㊽（　　）図1で、お互い動力船の横切り状況では、どちらの船が、どちらへ向かって避けなければならないか。

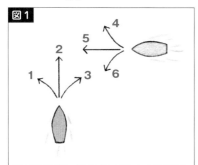

㊾（　　）図2で、ヨットと動力船の横切り状況では、どちらの船が、どちらへ向かって避けなければならないか。

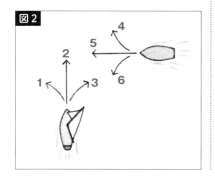

㊿（　　）図3で、ヨットがポート、スターボードで横切る状況では、どちらの船が、どちらへ向かって避けなければならないか。

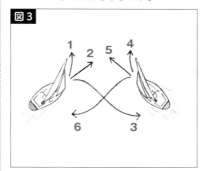

51（　　）図4で、セーリング中のヨットが動力船を追い越す状況では、どちらの船が、どちらへ向かって避けなければならないか。

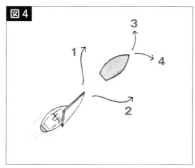

52（　　）図5で、ヨットと動力船の行き会い状況では、どちらの船が、どちらへ向かって避けなければならないか。

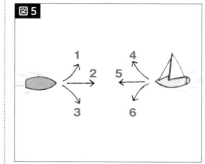

53（　　）図6で、狭水道へ入るヨットと水道を航行中の動力船が横切る状況では、どちらの船が、どちらへ向かって避けなければならないか。

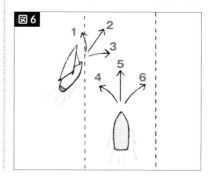

［トラブルへの対処］ ○×で記入する。

54（　　）機走しているときに急にプロペラに異音がしたときは、まずコントロールレバーを前進全速にする。

55（　　）機走中に急にエンジンが止まったときは、まずキャビンへ降りて燃料系統に異常がないかチェックする。

56（　　）セーリング中に座礁したときは、直ちにタッキングして離礁を試みる。

57（　　）夜間にバッテリーをチェックするためにライターに点火して、ロッカーを開けた。

58（　　）キャビン内がガス臭くなったので、急いで電動ブロワーのスイッチを入れた。

59（　　）船長は他の船舶の遭難を知ったときは、人命の救助に必要な手段を尽くさなければならない。

60（　　）VHF無線機の16チャンネルから「メーデー、メーデー」の音声が聞こえてきたが、これは遭難信号ではない。

［ナビゲーションの基礎1］ ○×で記入する。

61（　　）ヨットにGPSを装備すれば、どこへ行くのも安心だし座礁することもなくなる。

62（　　）GPSに表示される危険物には、危険性の大小が記載されているので容易に判断できる。

63（　　）海図上に記載されている危険物は、全て記号で表示されている。

64（　　）海図での距離を表す単位はkm（キロメートル）であり、世界共通となっている。

65（　　）海図上の水深や物標の高さに使われている単位は、海図の海域タイトルの下に記載されている。

66（　　）航路標識は、航行上の危険物や通航方法などの指標として設置されている。

67（　　）海図に表記されている航路標識には、通航方法が海図上に文章で記載されている。

68（　　）チャートプロッティング（海図作業）には、平行定規とデバイダーに加えて筆記用具が必要である。

69（　　）チャートプロッティングの際に海図上に記入するコースは、水にぬれても消えないようにボールペンを使う。

［ナビゲーションの基礎2］ ⑩～⑯、○×で記入する。⑰～㉘、値で記入する。

⑩（　　）海図はメルカトル図法で描かれているので、場所にかかわらず方位は一定となっている。

⑪（　　）海図はメルカトル図法で描かれているので、場所にかかわらず距離の尺度は一定となっている。

⑫（　　）海図上で距離を測るときは、デバイダーで距離を取り、経度尺に当てて目盛りを読む。

⑬（　　）海図上で距離を測るときは、緯度尺を使い緯度1分が距離の1マイルとなる。

⑭（　　）海図上でコース（針路）を測るときは、分度器をコース上に当てて目盛りを読む。

⑮（　　）海図上でコース（針路）を測るときは、平行定規をコース上に当ててコンパスローズへ移動させて目盛りを読む。

⑯（　　）コースのMCは4桁でコースの上側へ記入する。

⑰ 図1でA島北端の位置を求めよ。

（　　　　　　　　　　　　　　　）

⑱ 図2でB岬からA点に続いて小島北端を経由しB岬へ戻るコースの合計距離を求めよ。

（　　　　　　　　　　　　　　　）

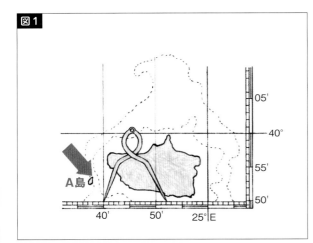

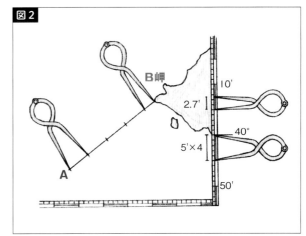

⑲ 図3のコンパスローズを使って、図4のC岬灯台からブイBへのMC（磁針方位）を求めよ。　（　　　　　　　　　　　）

⑳ 図3のコンパスローズを使って、図4のC岬灯台からブイBへのTC（真方位）を求めよ。　（　　　　　　　　　　　）

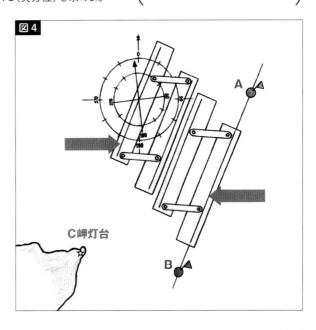

99

解答と解説

［落水事故と安全装備 1］

①（×）　118番へ電話をして救助を求める前に、まずセールを揚げて航行を始める。

②（×）　破れたセールは降ろし、残ったセールで航行する。

③（×）　寒さで頭がボーとしてくるのは軽度の低体温症にかかっているからである。

④（×）　浮力を確保してラッコ浮きで救助を待つ。泳いで岸辺へ向かうと体温を流出してしまう。

⑤（×）　4と同じ。

⑥（○）　ラッコ浮き（HELPポジションの一つ）で体温の流出を防ぐ。

⑦（○）　HELPポジションを保てきる限りの体温流出を防ぐことで救助の可能性を高める。

⑧（○）　震えが始まればキャビン内へ入って温まり、さらに重ね着をする。

⑨（○）　マッサージをすると収縮している血管を開き、冷たくなった血液を循環させ、心臓ショックを引き起こすので決してマッサージをしてはならない。

⑩（×）　体の内部から温めるが、意識のないときは誤嚥の恐れがあり飲み物を飲ませてはいけない。

⑪（○）　静かに寝かせて毛布や寝袋で体温低下を防ぐ。

⑫（×）　セーフティラインは荒天時だけではなく夜間にも着用する。

⑬（×）　動作は阻害されるが落水防止のため荒天時だけではなく外洋では常に着用する。

⑭（○）　2トン以上の破断強度を持つベルトを使用する。

⑮（○）　ハーネスホルダーはコックピットの中心線上へ複数の直径6mm以上の貫通ボルトで取り付ける。

⑯（×）　ライフラインは十分強度がないのでセーフティラインを取り付けてはならない。

⑰（×）　ベテランでもビギナーでも落水の危険性は同じである。

⑱（○）　小型船舶用救命胴衣の性能要件は浮力 7.5kg 以上となっているが、ヨット用の個人装備としては浮力15kg 以上のハーネス金具付き膨張式ライフジャケットが望ましい。

⑲（○）　法定安全備品は艇に搭載しておかなければならない。

⑳（○）　自力で落水者の救助ができないときは、VHF無線機や118番へ電話をして直ちに海上保安庁へ救助を要請する。

［落水事故と安全装備 2］

㉑（×）　エンジンをかけると風位を見失い落水者を発見することが困難となる。

㉒（×）　21と同じ。8の字救助法は強風下でも落水者に戻り救助できる救助法である。

㉓（○）　まず8の字救助法で落水者に接近して確保する。

㉔（○）　8の字救助法はタッキングと同時に行うシート操作が不要なためシングルハンドでも操船しやすい救助法である。

㉕（×）　エンジンをかけてもセールの力に負けて停止できないので、直ちにヒーブ・ツーを行って停船する。

㉖（○）　すぐに停船しないと引きずられた状態の落水者は呼吸困難で窒息する。

㉗（○）　身体側は水中に引き込まれたときに外しやすいスナップシャックルを取り付け、艇体側には外れないようにダブルアクションのフックをつける。

㉘（○）　航行中は落水がいつ起こるかわからないので、ダンブイは常に投下できるように設置しておく。

㉙（○）　ライフスリングを投下して落水者近くを周回して、浮いているロープに落水者をつかまらせる。

㉚（×）　救命浮環は法定備品であるが、ライフスリングは法定備品ではない。

㉛（○）　ライフスリングの馬蹄形の部分の中へ落水者の体を入れてから救助用テークルを装着する。

㉜（○）　救助用テークルは、十分なつり上げしろを確保するためにライフスリングへ装着する前に、ハリヤードで高く上げておく。

［安全装備の名称など］

㉝（4）　㉗（5）　㊶（14）　㊺（12）

㉞（13）　㊳（9）　㊷（7）　㊻（6）

㉟（1）　㊴（2）　㊸（15）　㊼（10）

㊱（8）　㊵（3）　㊹（11）

［衝突回避航法］

㊽（3）　相手船を右舷に見る船が避航船となる。

㊾（6）　相手船を右舷に見ても帆走中のヨットのほうが優先する。

㊿（3）または（1）　右舷から風を受けるスターボードタック艇が保持船となる。

51（1）または（2）

52（3）

53（1）

［トラブルへの対処］

54（×）　プロペラに異音がしたときは、コントロールレバーをまずニュートラルにする。

55（×）　再始動を試みる前に、まずセールを揚げて操縦性を確保する。

56（○）　行き足が止まらない前に、水深がより深い側へ直ちにタッキングする。

57（×）　バッテリーからは水素が発生して爆発する恐れがある。

58（×）　電動ブロアーの電気接点からガスへ着火爆発の恐れがある。

合計正解数　　　問　正解72問以上＝A、64問以上＝B、56問以上＝C

(59)（○）　自己の指揮する船舶に急迫した危険がある場合及び国土交通省令の定める場合を除いて救助活動を行わねばならない。

(60)（×）　「メーデー」の送信は、海上衝突予防法施行規則に定められた遭難信号である。

［ナビゲーションの基礎1］

(61)（×）　GPSは現在位置を示すが、航路標識のどちら側を通るべきかは表示されないので判断するにはナビゲーションの知識が必要である。

(62)（×）　GPSには危険物は記号で表示され、危険物の種類と危険性の大小は海図図式で把握する必要がある。

(63)（○）　海図に表示される記号の意味は海図図式に網羅されている。

(64)（×）　海図上の距離は緯度1分を1マイルとして、マイルが世界共通の単位である。

(65)（○）　海上保安庁が発行する海図の水深や高さの単位はほとんどがメートルであるが、海外の海図ではファザムやフィートを使用する例がある。

(66)（○）　航路標識は船舶の安全確保のために灯光、形象、彩色、音響、電波等を使って通航の指標を与える。

(67)（×）　海図上には記号が記載されているだけで、文章による記載はない。

(68)（○）　チャートプロッティングには平行定規、デバイダー、鉛筆、消しゴムが必要となる。

(69)（×）　海図上に記入した線や文字は消しゴムで消すこともあるので、B2からB4の鉛筆を使用する。

［ナビゲーションの基礎2］

(70)（○）　海図上では必ず上部が真北を指し、東西南北の真方位は海図の場所にかかわらず同じである。

(71)（×）　海図上では緯度によって縮尺が異なっているので、デバイダーを当てる緯度尺は測った位置から平行移動した緯度尺に当てる。

(72)（×）　距離は経度尺ではなく緯度尺に当てて測る。

(73)（○）　緯度1分が1マイル、緯度1度が60マイルの距離となる。

(74)（×）　分度器ではなく平行定規を使い、コースをコンパスローズへ平行移動して方位を測る。

(75)（○）　平行定規をコンパスローズへ当て、内側の磁針方位をMCとしてコースの方位とする。

(76)（×）　コンパスローズの内側の磁針方位をMCとするが、コース上の上側へは3桁で記入する。

(77)（39° 54.0′ N/ 24° 38.0′ E［許容誤差±0.5′］）

(78)（50.7M［許容誤差±0.5M］）

(79)（109MC［許容誤差±5°］）

(80)（102TC［許容誤差±5°］）

参考文献リスト ——————————————————————

『ヨットB のり養殖施設損傷事件』令和元年海難審判所裁決

『小型船舶操縦士 学科教本 II』日本船舶職員養成協会／舵社 刊

『結索』杉浦昭典／著海文堂出版 刊

『実用ロープワーク』前島一義 著／成山堂書店 刊

『図説古代エジプト生活誌』エヴジェン・ストロウハル 著 内田杉彦 訳／原書房 刊

『世界全史』宮崎正勝 著／日本実業出版社 刊

『インナーセーリング（3）』青木洋 著／舵社 刊

『The Sailing Dictionary』Joachim Schult 著／ Sheridan House 刊

『ヨット、モーターボート用語辞典』舟艇協会 監修／舵社 刊

『Sailing Made Easy』アメリカセーリング協会（ASA）刊

『ヨットの設計』横山晃 著／舵社 刊

『インナーセーリング（1）』青木洋 著／舵社 刊

『Docking Made Easy』アメリカセーリング協会（ASA）刊

『シェイクスピア 全集 33 終わりよければすべてよし』松岡和子 訳／ちくま文庫 刊

『地表面に近い大気の科学』近藤純正 著　東京大学出版会 刊

ノースセール・ジャパン ホームページ『セールのドラフト』

『インナーセーリング（4）』青木 洋 著／舵社 刊

『インナーセーリング（2）』青木 洋 著／舵社 刊

『凍る体 低体温症の恐怖』船木上総 著／山と渓谷社 刊

『低体温症と凍傷』栗栖 茜 訳／海山社 刊

「再考、安全対策」『Kazi』2019 年 3月号記事 舵社 刊

『Cruising Made Easy』アメリカセーリング協会（ASA）刊

『平成 25 年対馬沖回航落水事故報告および再発予防の考察』JSAF外洋玄海ほか報告

「On too long a lead：how your lifejacket harness could kill you」『Yachting World』2015年12月号記事

『海上衝突予防法』e-Gov法令検索

『基本のルール解説』日本テーザー協会 刊

『港則法』e-Gov法令検索

『港則法施行規則』e-Gov法令検索

『海上交通安全法』e-Gov法令検索

『船員法』e-Gov法令検索

海難審判所 ホームページ「令和 3 年裁決一覧」

『航路標識法』e-GOV法令検索

※本書参考順

[著者]

青木 洋（あおき・よう）

1949年大阪生まれ。日本人で初めてホーン岬を越え、1971年から3年2カ月にわたって世界一周を達成。航海をともにした〈信天翁二世号〉は、わずか6.3mの自作木造艇で、今も大阪の万博公園に保存されている。現在は日本各地で体系的なスクールプログラムを開講する「青木ヨットスクール」の校長を務める。著書に『インナーセーリング』シリーズ（舵社 刊）、『海と僕の信天翁』（ビービープランニング 刊）がある。名古屋市立大学22世紀研究所 特任教授。

[イラストレーター]

平野 游（ひらの・ゆう）

1946年京都生まれ。幼少より絵を描くことと模型の船を作ることが好きだった。社会人になってヨットを覚え、ヨットや海のすばらしさを知る。以後、海や船をテーマに絵を描くようになり、作品がたまると個展で発表。古いディンギーをレストアして乗っている。

［初出一覧］「青木 洋と学ぶ 外洋ヨットの基本技術」月刊『Kazi』2021年3月号〜2022年12月号掲載

新版

外洋ヨットの教科書

Inner Sailing Ⅰ

インナーセーリング①

2024年3月25日　第1版第1刷発行

著者　　　青木 洋
発行者　　植村浩志
発行　　　株式会社 舵社
〒105-0013
東京都港区浜松町-1-2-17 ストークベル浜松町 3F
電話：03-3434-5181　FAX: 03-3434-2640

イラスト　　平野 游
表紙写真　　松本和久
写真　　　　ASA青木ヨットスクール、松本和久、矢部洋一、舵社
デザイン　　菅野潤子
編集　　　　中村剛司
印刷　　　　株式会社 シナノパブリッシングプレス